R. G. Ramirez

Je ne suis pas Psy Je suis Malade

R. G. Ramirez

Je ne suis pas Psy Je suis Malade

Éditions Muse

Cover image: www.ingimage.com

Publisher:
Éditions Muse
is a trademark of
Dodo Books Indian Ocean Ltd., member of the OmniScriptum S.R.L Publishing group
str. A.Russo 15, of. 61, Chisinau-2068, Republic of Moldova Europe
Printed at: see last page
ISBN: 978-620-3-86548-6

INTRODUCTION

Le pourquoi de ce livre :

Avant tout, je vais vous faire part des réflexions qui m'ont convaincu d'écrire ces quelques lignes.

Si vous lisez ces phrases posées sur des jolies pages blanches c'est que vous avez surement un centre d'intérêt, une curiosité sur le sujet du coté Psy, vous été un patient, étudiant en psy, ou psy vous-même, famille de patient, d'un entourage concerné, ou pour simplement vous informer…

Je ne peux pas tous citer car il y a tellement de quoi dire et redire sur les maladies liées à la PSY. Et particulièrement la dépression.

Comme vous l'avez compris je ne suis pas là pour vous parler de la grippe. Je vais vous parler de mes malheureuses expériences personnelles de mes trente années en tant que dépressif chronique « selon le corps médical ». Mais avant tous de mes terrifiantes angoisses permanentes suite à un événement au premier abord anodin !

Je ne suis pas là non plus pour essayer de vous vendre quoi que ce soit. Ni pour me trouver de fausses excuses, comme le prétendront ou diront certaines personnes bien intentionnées. Car je n'ai aucune excuse à faire. Le mal que j'ai fait à mes proches et le mal que je me suis fait, sont regrettables mais j'assume tout. J'ai été impuissant face à des supplices mentaux, angoisses paniques, qui m'ont donné des envies de ne plus être de ce monde à quatre reprises. Mais je ne veux pas vous démoraliser tout de suite car je suis encore là. Et je compte vous motiver pour que vous le restiez, vous aussi.

Ma priorité est de pouvoir donner un peu de ma lumière à toutes les personnes rongées par ce fléau, d'un mal invisible, qui fait peur, que l'on ne comprend pas, car ces maux sont si terrifiants que je ne le souhaite même pas à mon pire ennemi.

Je n'ai pas la prétention d'avoir des solutions pour vous soigner, ni de vous donner des formules miracles, ni pour me substituer aux professionnels du corps médical, ce n'est qu'une vue simple et personnelle de partager mon vécue et un peu de mes connaissances et de mes malheureuses expériences avec cette satanée maladie, la dépression chronique.

Mon cas personnel n'est pas une généralité. Chaque personne a ses propres symptômes, un vécu, une sensibilité, éducation … qui lui est propre. Pour les lecteurs qui seraient dans ce type de maladie, ne vous identifier pas à mes écrits. Ne garder pour vous que mes erreurs, mes comportements inadaptés, mes démarches, mes recherches et mes quêtes de savoir, des outils très efficaces qui m'ont été enseignés par des professionnels et spécialistes en la matière, durant une trentaine années pour combattre, ce qui a été pour moi mes maudites angoisses. Prenez ce qui vous semblera utiles pour votre propre cas mais ne prenez aucune initiative sans en avoir au préalable pris soin d'en avoir débattu avec votre thérapeute ou avec votre professionnel de santé car tous les exemples ou les dires, les écrits et autres on-dit ne sont pas des sciences exactes, restez maitre de votre côté critique et objectif, restez patients et persistez, il y a toujours une sortie positive du tunnel même pour les plus longs.

Pour finir sur mes motivations pour vous faire part de mon parcours, je suis très confiant sur les avancées de la médecine et surtout des neurosciences en psychiatrie, avec les nouvelles thérapies et les progrès formidables des neurosciences, de l'imagerie médical et pour tous ces professionnels qui sont les locomotives qui nous apportent et apporteront de plus en plus de nouveaux savoirs, thérapies... Restez confiant et positif on avance dans la bonne direction (guérir) courage à vous tous.

30 Années de dépression chronique !

Ne prenez pas peur ça se soigne, de mieux en mieux, de plus en plus rapidement et durablement. Si vous été bien suivi en psychothérapie et avec le bon traitement médicamenteux. Car la dépression aigue ou sévère ne se soignent pas l'un sans l'autre. « Plus de détails par la suite »

Ma priorité est de pouvoir vous donner un peu de la lueur de ma lanterne et de l'espoir à toutes les personnes rongées non pas par la dépression en elle-même. Mais sur le fléau, d'un mal invisible, qui fait peur sans savoir de quoi ! Que l'on ne comprend pas, avec ces maux si terrifiants. Pour moi « les angoisses oui les angoisses ! ». Du levé au couché 7j /7 elles sont là. Si on ne peut pas avoir de comparaison avec d'autres émotions ou ressenties il faut prendre en compte que la peur a plusieurs causes qui peuvent la provoquer.

Constamment oppressé par une forte angoisse, on a des sueurs froides on a du mal à respirer on tremble à en voir très peur, on est au bord du précipice, pétrifier, « aidez-moi !!! » Mais on ne voie personne on est seul c'est un cauchemar éveiller aucun moyen de calmer ni même de diminuer cette pression insoutenable que subissent le diaphragme, le thorax le cerveau qui s'emballe, le cœur qui est prêt à sortir de notre poitrine tellement il est affolé, et qui sont les causes de notre asphyxie, on a peur de nous-même…

Les angoisses sont peut-être une forme de peur mais peur de quoi ? Peur sans fondements rien de consistant, de palpable, de visible, c'est une peur sans objet sans durée rien de précis mais elles sont là constamment, continuellement, inlassablement et elles sont en nous sans que l'on puisse les comprendre ni les contrôler, mais elles nous font terriblement souffrir moralement et parfois physiquement.

Combien de fois j'ai eu des pensées souhaitant avoir le cancer ou autres maladies à la place de ces satanées angoisses, sortir de table pour m'enfermer dans les toilettes pour souffrir en silence et seul... Et au réveil la première question que l'on se pose est « comment je me sens se matin ? » et pour la centième, millième… fois ce qui me tiraille c'est l'angoisse. Et me revoilà reparti pour une très longue journée de calvaire. Le découragement, l'impuissance, voir la résignation et tous vos démons vont vous tirailler jusqu'à que le soir venu, vous vous, endormes aidé par votre traitement médicamenteux et vous été débarrassé de vos angoisses pour quelque heure de répits, si vos cauchemars ne se manifestent pas cette nuit-là.

IL me faut une solution impérativement pour comprendre mon état psychologique et ces maléfiques angoisses… Je dois consulter un spécialiste ! Un jour après de longues journées d'hésitations, réflexions et de tourner le pour et le contre dans tous les sens, et avec tous mes aprioris de l'époque sur les psychiatres. Un jour je pris mon courage à deux mains et je choisi dans l'annuaire téléphonique, « à cette époque pas smartphone » le premier psychiatre le plus à proximité de mon lieu d'habitation. Mon rendez-vous est fixé pour un mois plus tard, me voici entré dans le monde psychiatrique. Je redoutai tant ces aprioris et les on-dit de la fin des années 80, « de consulter un psychiatre c'est qu'on est fou. Tous ces préjugés n'ont pas beaucoup évolué en 2021. » Durant quelque mois avec une séance de 30 minutes, par semaine, ne m'ont rien apportées bien au contraire, mes questions sont restées sans réponses et mes symptômes ne se sont pas améliorés malgré le traitement prescrit par le praticien, à base d'antidépresseurs et d'anxiolytiques qui n'ont pas apportés les effets escomptés. Durant des années j'ai changé de psychiatre de psychologue une dizaine d'hospitalisations… Sans de véritables avancées significatives. Il-y-à eux des moments de répits ou mes angoisses étaient plus supportables et mon mal-être un peu plus positif mais les rechutes ont étés aussi nombreuses que les rémissions. Durant toutes ces années je n'ai eu que des professionnels en psychiatrie (Freudienne) c'est malheureusement ce qui était enseigné dans les facultés en maladies mentales.

En 2005 le hasard a mis sur mon chemin un livre extraordinaire « le livre noir de la psychanalyse ». Qu'elle ne fût pas ma surprise d'apprendre qu'il existait de nouvelles thérapies autres que la méthode Freudienne. Des thérapies comportementales et cognitives « TCC » pour ne citer que celle-ci. Pour ma septième hospitalisation en clinique psychiatrique j'ai fait mon maximum pour trouver un établissement pratiquant la « TCC » sur la région Lyonnaise. Ma quête ne fut pas vaine, la clinique « Lumière aux environs de Lyon », correspondait à mes critères de recherche. En 2010 suite à ma demande d'hospitalisation, car mon état mental du moment le justifiait, après deux mois d'attentes je fus admis dans cette clinique. Mais à ma grande désillusion le psychiatre du service de mon admission était Freudien. Il faut savoir que la France est le pays qui pratique le plus les théories Freudienne au monde. Ce n'est que pour ma dixième hospitalisation en 2015 qu'après quatre mois de patience que je fus réadmis à « Lumière » dans ce même service et ma grande satisfaction fut que le psychiatre du service avait changé et ce nouveau neuropsychiatre **le Docteur ROSENFELD** va **transformer ma vie** avec de nouvelles thérapies dont je n'avais jamais entendu parler « MBSR, MBCT, EFT, EMDR, TCC... ». En seulement un mois car malheureusement je n'avais pas pu poursuivre mon hospitalisation suite à une offre d'emploi en Suisse. Bref, un mois j'ai appris sur mon état psychologique beaucoup plus qu'en 25 années de psychiatrie « classique » avec une dizaine de psychiatres, psychologues... Je ne porte aucune critique ils ont fait avec leurs connaissances du moment mais ils ne vous informent pas des avancées de la médecine, de la recherche... il y-a seulement trois ans en 2019 que j'ai appris et par mes propres recherches les progrès des neurosciences... Ce qui m'a rendu « addictif » à la connaissance, des neurosciences, du cerveau, psychologie... Je me suis découvert une passion. Cette page n'est que le début de ma trouvaille. Cette année-là je refais une rechute et résidant sur Grenoble je suis hospitalisé à la « Clinique du Dauphiné ». Suivant des soins chimiothérapiques « les traitements médicamenteux, antidépresseurs, anxiolytiques... » Et par le suivi d'ateliers où on vous donne des conseils et théories sur divers sujets liés à la dépression « comment gérer son stress, comprendre et gérer ses pensées, maitriser ses émotions... » Mais pas de psychothérapies et pourtant il est démontré par des études et recherches « par des psychiatres des neurologues... » Sur la maladie, qu'une dépression est mieux soignée, plus rapidement et plus durablement par la combinaison des traitements médicamenteux associé à un suivi psychothérapeutique. Mais notre mode de santé est géré par la sécurité sociale, la « CPAM caisse primaire assurance maladie » et leurs couts financiers. La grande majorité des psychothérapies sont longues et couteuses, pratiqués en grande majorités par des psychologues en milieux privés et non remboursés par la « CPAM ». Donc une grande majorité des malades dépressifs ne sont traités que par des psychotropes « Les antidépresseurs, les somnifères, ou hypnotiques, les anxiolytiques et les neuroleptiques sont des médicaments psychotropes, légaux ! » qui eux sont remboursés par la « CPAM ». Les psychotropes ne font qu'atténuer et masquer les symptômes de la maladie tandis que les psychothérapies vont chercher les causes de la dépression et les meilleurs moyens de la vivre avec moins de pénibilité et de souffrances. J'ai moi-même eus la chance de suivre une psychothérapie avec le **Docteur ROSENFELD,** mais malheureusement pas suffisamment approfondit, par manque de temps. Mais il est possible de continuer par vos propres moyens et avec l'écriture, la peinture la lecture, de recherches, plus en amont le pourquoi de votre manque de gout en la vie... Pour ma part j'ai réalisé une rétrospection sur mon passé pour savoir si je vis avec un traumatisme, car un trauma, une blessure de l'enfance ou de l'adolescence voir à l'âge adulte, oublié ou pas, peut-être devenu un traumatisme.

Le trauma est « ce qui s'est passé et le traumatisme sont des résidus conscient ou inconscient du trauma. » Et cela peut être une des causes de la dépression, je précise bien ! Une des raisons d'une dépression il y en a beaucoup d'autres. Pour ma part après ma rétrospection et mon introspection je n'ai pas décelé de traumatisme donc j'ai continué à chercher et recherche encore les raisons de ma dépression mais je garde espoir et j'ai appris à vivre avec ses haut et ses bas n'hésitant pas à des hospitalisions quand cela devient trop pénible, que je sens que je suis trop proche de commettre l'irréparable. « Quatre TS. Tentative de Suicide ». La suite de ces lignes sons le récit de mon parcours personnel.

L'ego est la représentation et la conscience que tout être humain a de lui-même. L'ego est souvent associé au « moi » et à la personnalité.

Aller chercher à l'intérieur la paix qui nous a fait défaut. Ne plus éviter la tête à tête avec nous-même. Pour vivre en paix avec soi, il faut le décider, oser s'écouter, se tourner enfin vers soi. « Si on ne trouve pas son repos en soi-même, il est inutile de le chercher ailleurs » (La Rochefoucauld). Bien se connaitre, identifier ses forces et ses faiblesses, sont les conditions indispensables pour vivre sereinement avec soi et les autres. Le dialogue intérieur, harmoniser tous les aspects de soi, le moi conscient. S'interdire d'avoir des pensées négatives « facile à dire ». Se retrouver soi-même pour en finir avec ce désordre intérieur. Si mon ego me gâche la vie je me dois d'apprendre à le connaitre et à lui faire face. « Le travail sur soi ». Finir avec les fausses images de soi et nous qui nous détournons du simple plaisir d'être là. L'ego, c'est le moi, et le moi, c'est l'ego. Ne pas donner plus d'importance qu'il devrait à son moi. Accorder à son ego l'attention nécessaire pour qu'il ne souffre pas est un acte d'hygiène psychologique. Au quotidien mon ego est juste un élément au milieu de tout ce qui importe de cultiver : respect de soi, sociabilité, ouverture au monde, engagement… Ecouter son ego mais ne pas lui obéir aveuglement. Se débrancher de temps en temps et laissé courir votre ego dans la nature.

Avant la maladie :

Pour quelle raison je vais vous parler de ma vie avant ma maladie ? Je veux juste faire un inventaire de ma personnalité et ma situation social, professionnel, personnel et mon état d'esprit avant ma chute dans la dépression et ce qui va en découler... J'étai une personne très casse-cous, depuis mon enfance à ce jour de 1989 et ma rencontre avec la maladie. Je vous fais part de ma relation avec l'émotion de «la peur » à cette époque. Pourquoi ? Pour vous accoutumer à ce qui suivra et qui avait pris le pouvoir sur mon existence ma vie mon cerveau et tout mon corps. Ma personnalité était d'un fort caractère et un grand casse-cou. Les grandes peurs concrètes que j'aie eu à faire face, consciemment ou pas j'ai provoqué ou seulement affronter. Je ne vais pas toutes les détailler car il y en a eu pas mal. Je ne vais débuter que par les plus marquantes au niveau d'intensité des ressentis de la peur.

Je vais débuter mon récit qu'à partir de mes dix-huit ans cela suffira bien. Mon permis de conduire en poche que depuis sept jours et l'achat d'une voiture m'avais permis de décrocher un job en intérim. Malheureusement durant ma pause de midi de mon nouvel emploi, en allant chercher de quoi manger, sur une route de campagne je sors d'un virage à droite je dérape et je quitte la route et me retrouve sur la voie de gauche et malheureusement je fonce directement face à une camionnette qui se trouve face à moi sur la voie de gauche. Ma faible vitesse m'a permis d'avoir peur un court instant, entre la vue de l'autre véhicule et le moment de l'impact. Mais de quoi j'ai bien pu avoir peur ? Pas de la mort mais uniquement d'avoir mal, de souffrir.

Durant une décennie je ne me déplaçais qu'en moto. J'ai frôlé à plusieurs reprises la catastrophe, je me suis fait de grandes peurs, j'ai fait plusieurs chutes, j'ai vécu de grandes anxiétés et frayeurs. Je vous donne un exemple qui pour moi est la plus grande peur de mon existence. Dans les années 80 le saut en élastique fait son apparition, une folie qui gagne tous les casse-cous du monde, dont moi. Par une très belle après-midi d'été avec un groupe d'amis nous partons pour notre baptême de saut en élastique. Je vous-avoue que debout à 103 mètres du sol au bord d'un pont avec une rambarde de 10cm de large et uniquement relier à ma cheville droite avec un élastique pour vous relier au pont. Vous regardé cette incroyable hauteur et vous devez plonger la tête la première dans le vide on n'est pas fière, avant de faire le plongeon on a une peur inimaginable, terrifiante, indéfinissable, mais vous plongé. Pour ces trois exemples il y a une peur liée à une cause une durée, un objet… A présent je vous liste mes diverses activités qui mon mis ou me suis mis face à la peur :

Spéléologie, canyoning, ULM, escalade, descente de falaises, avion, hélicoptères, plongé bouteilles, ski nautique, ski montagnes, moto trial, Vtt de nuit…

Je vais arrêter là l'inventaire de mes expériences avec la peur. Gardez bien à l'esprit ce passage sur mes peurs elles prendront toutes leurs importances par la suite.

A présent je vais vous donner juste un petit aperçu disons de dix ans pour vous situer mon état d'esprit avant ma dépression. Je vais tâcher de ne pas-être ennuyeux ni trop long. 1980 j'ai 19 ans, je décroche un CDD à l'hypermarché Carrefour. Lors une soirée dansante, organisée par le magasin je remarque un petit bout de femme qui me plais bien, elle dance très bien le rock et j'adore ça. Elle dance souvent avec le même cavalier, je l'invite à danser à plusieurs reprises sans succès mais à force de persévérance elle finit par m'accorder une dance puis une deuxième… Finalement ont fini la soirée ensemble. Au retour en fin de soirée on est côte à côte dans le car du retour. Premier baisé… Je l'invite au restaurant pour le week-end suivant ce qu'elle accepte. Toute la semaine je pence beaucoup à elle, on se croise de temps en temps dans le magasin, on se cherche du regard, on se sourie. Le jour du rendez-vous, après le restaurant on reste un long moment dans sa voiture en bas du parking de son allé, elle ne peut pas me faire monter dans son appartement cars sa sœur est en convalescence chez elle. Cela dure trois ou quatre mois, elle m'a présenté à sa sœur, ses amis… Sa sœur repartie chez elle, un soir elle m'invite à dormir chez elle. Et arrive le moment de mon premier rapport charnel avec elle et le premier de ma vie. Je vie ces instants avec beaucoup d'anxiété voir de la peur, cela a duré très longtemps j'ai eu du mal à me libérer et à partir. Je n'ai pas eu de coup de foudre, uniquement un bien être avec elle. En moins de six mois je me suis installé chez « Eve ». Et là tout va changer, sa vie qui va aussi devenir la mienne est tout-autre. Je suivais le cours de la vie comme porté par un courant d'un fleuve tranquille, je ne voyais pas les années s'écouler durant une décennie. Nous avons vécu beaucoup de choses ensemble et avec sa bande d'amis tous d'une dizaine d'années de plus que moi. J'ai quitté ma famille tout naturellement simplement, j'ai suivi le cours du fleuve sans savoir ni envi de savoir où cela me mènera mais j'avais la curiosité et le besoin de renouveau dans ma vie. Ses amis motards mon donnés le plaisir de la moto donc j'ai passé mon permis puis on a acheté une moto « un grand plaisir ». Elle m'a appris à skier, faire la fête avec ses amis, les voyages… « Eve » qui va devenir ma compagne, épouse, mère de nos deux enfants, ex-femme et amie.

Le début de la maladie :

A la fin de mon CDD à Carrefour, je fus embauché en CDI dans une grande entreprise pour un poste de travail à la chaine, durant neuf années j'ai fait un métier sans grand intégrai et très routinier mais il fallait bien manger. Mon ambition a toujours été d'apprendre, de progresser, de voir autres choses, de changer de statut… Mais durant ces neuf années j'ai tout fait pour progresser en interne, j'ai espéré évoluer mais rien n'y a fait. Et j'ai débuté une petite déprime.

Et vers 1984 je senti un certain mal vivre et des signes de déprime, colère, vide et d'un manque indéfinissable… Cette année-là après quatre années de vie commune, « Eve » et moi-même décidons de nous marier pour fonder une famille et ajouter un, voire trois petites frimousses à notre vie. Malheureusement pour notre couple, ceci ne fut pas une mince affaire. La nature en avait décidé autrement. Un soir ordinaire en 1986. Je suis couché et je suis comme plus ou moins tous les soirs très en forme et ma libido est au beau-fixe, très excité pour libérer le besoin naturel d'accomplir mon devoir conjugal et toujours avec l'espoir qu'une grossesse se produise naturellement. J'attends ma compagne qui se trouve à la salle de bain et ne voilà pas, qu'une pensé vient m'interpeler « et si je devenais impuissant ? » Intrigué mais sans y prêter plus d'importance que ça. Ma femme vient me rejoindre dans ce grand lit, mon approche féline, douce, et délicate mais à l'instant où je pose une main sur sa peau si douce, le tigre ce métamorphose en moins d'une seconde en un très petit chaton, plus rien, nada ! La panne sèche, le félin n'a plus de quoi rugir. A cet instant une angoisse panic horrible m'envahi, mon ventre se crispe ma tété est prête à éclater ma bouche et ma gorge n'ont plus de quoi saliver et deviennent un désert aride. Je ne peux que murmurer à ma femme dans mon affolement que ces deux mots « Appel Michel ». Peu à peu Eve « ma femme », arrive à me calmer en me rassurant, me disant que ce n'est pas grave et que cela ira mieux demain, que cela arrive à tous les hommes... Je réussi à me calmer et à m'endormir malgré mon angoisse. A mon réveille le lendemain les angoisses de la veille sont encore là et ne me quitterons pas de la journée. Je veux juste vous faire comprendre que pour les angoisses qui m'ont fait et me font souffrir encore quelque parfois, elles ne sont pas comparables aux émotions de peurs citées auparavant les angoisses sont plus terrifiantes et indescriptibles.

Si on ne peut pas avoir de comparaison avec d'autre émotions il faut prendre en compte que la peur a une cause pour la provoquer. Les angoisses sont peut-être une forme de peur mais peur de quoi ? Peur sans fondement rien de consistant, de palpable, de visible, c'est une peur sans objet sans durée rien de précis mais elles sont là constamment, continuellement, inlassablement elles sont en nous sans que l'on puisse les comprendre ni la contrôler, mais elles nous font terriblement souffrir. Depuis ce jour j'avais l'impression que ma sexualité et ma libido se dégradaient et mes angoisses me hantaient de plus en plus. Malheureusement en ce temps-là j'avais la mauvaise habitude de boire du vin en mangeant et comme, un miracle je me rendis compte qu'avec l'alcool le niveau d'angoisse diminuait et si je buvais suffisamment mon problème de libido devenait moins un obstacle, pour obtenir une virilité suffisante pour les rapports avec mon épouse. De fil en aiguille mon besoin de boire pour avoir une relation charnelle et que mes angoisses soit atténué. Ma consommation était de plus en plus importante et indispensable. Je ne cherche pas à me trouver des circonstances atténuantes ni de me déculpabiliser. Nos procréations médicalement assistées « insémination artificielle » ce sont poursuivies durant des années et moi sans toujours pas de libido, j'ai essayé à plusieurs reprises sans l'alcool d'avoir des relations sexuelles avec ma femme mais toujours sans succès et même le « Viagra » ne fut pas une réussite, ce qui augmentaient mes angoisses, la perte de confiance en moi, je me dévalorisai, je n'avais plus gout à rien…

A cette même période ma vie professionnelle bâtait de l'aile j'avais de moins en moins, de motivations pour cette existence. Je suis dans l'impasse impossible d'évoluer dans cette société, l'ennui me déprime encore plus. De jour en jour je dépéri. Le hasard vient à mon secours, un jour je décide par curiosité, d'acheter ce qui était le début des PC. Je me suis trouvé une passion écrire des programmes informatiques donc je décide d'en faire mon futur métier, devenir analyste programmeur. Heureusement à la fin des années 80 le hasard de la vie et mon appétit d'apprendre et ma grande curiosité pour les nouveautés, mon incité, dans l'achat ce qui était le début des PC. Et je me suis trouvé une passion écrire des programmes informatiques donc je décide d'en faire mon futur métier, devenir analyste programmeur. De cours du soir en cours par correspondances pour atteindre un niveau de BAC+2 obligatoire pour être analyste programmeur en informatique. A cette époque même en étant dépressif j'étai été motivé pour poursuivre mes objectifs, avancer. Suite à un congé formation de six mois je suis devenu informaticien sur AS400 « mini système IBM ». J'ai décroché mon premier poste d'analyste programmeur pour une PME en 1989. Et durant huit années j'ai fait mes premiers pas dans le monde de l'informatique. Au bout de ses huit années j'ai appris énormément de choses dans tous les domaines des systèmes de l'information, de l'AS400, les débuts des premiers PC, MS-DOS « ancêtre de

Windows », Windows, les réseaux… Cela fessait donc huit ans que j'étai analyste programmeur pour la même société. La routine c'est installé et avec elle ce qui accentue ma déprime, suite un refus de la direction de ma demande d'évolution et à leur réaction, je décide de démissionner à contre cœur et avec beaucoup de désillusions.

Mais avant de quitter cette société, j'avais trouvé un autre emploi dans une SSII « société de service ingénierie informatique ». Mon départ a été très douloureux d'où une dépression mais très sévère. Je n'avais pas imaginé à qu'elle point. Ma dépression avait bien faibli durant ces années et voilà qu'elle est repartie de plus belle mais encore plus violente que jamais. J'ai augmenté ma consommation d'alcool considérablement, à en devenir suicidaire ce qui m'a conduit à ma première hospitalisation pour dépression. Je suis resté une semaine à l'hôpital de neurologie à Lyon. Comme d'habitude j'ai tous balayé de ce séjour. J'ai l'impression que ma mémoire a tendance à refouler constamment les moments les plus pénibles de mon existence. J'ai donc travaillé durant cinq ans sur plusieurs domaines, « Banque, PSA, Ferrero, sur des projets comme le passage à l'année 2000, Euro, l'infogérance, créations et maintenances de programmes, sur AS400, Micro avec d'autres langages de programmation… » J'ai progressé, changé de statut, de salaire… au bout de cinq ans, l'ennui et la routine sont de retour, puis lassé des déplacements et de ne pas voir grandir mes enfants et vu mon expériences acquises durant toutes ces année j'ai décidé de chercher un pote plus sédentaire. En étant encore hospitalisé, j'ai cherché un emploi de responsable informatique pour une PME. Ma recherche fut de courte durée l'ai trouvé une entreprise qui cherchait un informaticien pour passer leur système informatique à l'Euro. Je fus donc embauché en CDI. Mon projet accompli ils décidèrent de ne pas renouveler ma période d'essai et de chercher une autre personne moins expérimentée donc moins cher pour me remplacer. Et c'est là que malheureusement trop tard que j'avais compris, qu'ils n'avaient besoin de mes compétences que pour les aider à passer à l'Euro, un peu déstabilisé mais vite passé. Suivie une période de deux ans de chômage, dépression, doutes du présent, de l'avenir, boisson, TS, hospitalisation… Je n'ai toujours pas compris pour quelle raison j'ai fait cette première T.S. J'ai pris des médicaments comme si je mangeai du chocolat, tu prends un carré, tu fermes le réfrigérateur et puis j'y reviens plusieurs fois jusqu'à vider la boite. Etrange !

Et puis avec beaucoup de persévérance et l'amour d'une femme combiné avec la tendresse d'un homme, neuf mois plus tard la graine semée va éclore et avec son innocence transformer tout l'univers de ces deux êtres qui par amour vont ajouter une rose à leur bouquet. Mais parfois l'amour et la tendresse ne suffisent pas à garnir d'une autre couleur cette composition de parfums, la pureté et la douceur ne sont pas si facilement prêtes à être programmées. Les terres ne sont pas toutes accueillantes, elles ont leur caractère, des caprices, des humeurs très variables, il faut les bonnes graines, des pluies pas trop acides, des périodes propices, une bonne entente entre le bulbe et l'engrais, une température au dixième de degré prêt, une contrariété ou même rien de particulier, font que la semence ne prend pas en temps et en heure pour donner la fleur tant espérée. Mais nos fleuristes sont motivés, le bouquet doit évoluer, pas de temps à perdre, ils sèment et ressèment, mois après mois, il faut que ça germe. Convaincues qu'un beau matin un des sillons de leur jardin offrira un joli bouton à leurs yeux humidifiés et pas uniquement que par la rosée. Les printemps passent, le bouquet n'a pas jauni, il leur donne toujours cette force qui les motivent dans leur certitude qu'un jour ils vont cueillir cette fleur qui manque à leur harmonie. Mais il n'y a toujours pas, même un semblant de pousse pour les réconforter dans cette passion pour les fleurs. Le doute les envahi, on t'ils la main verte ? De questions en interrogations ils décident de consulter. Sur les conseils d'un jardinier réputé ils vont apprendre à bêcher, semer, planter, cultiver, bouturer, analyser, arroser… tous ce que des fleuristes malheureux doivent plus que les autres maîtriser. Les enseignements du jardinier n'ont pas suffi ils font appel à un paysagiste et ils sont passés à la plantation amicalement assistée et à l'insémination manuelle. « Secouer le haricot pour faire sortir la graine, purifier la graine et la déposer délicatement dans la terre ». Une dizaine d'hivers sont passés, le bouquet en a pris un petit coup mais pas suffisamment pour démoraliser ces amoureux des bourgeons. Un beau matin, leur persévérance leur donna raison. Un fin germe verdi d'un sillon de cette terre si joliment et amoureusement entretenu. Le bonheur est arrivé, la joie est là, le rêve devient réalité, l'inespéré dit bonjour à ces deux créateurs, le bouquet va avoir une bouffée d'oxygène pour le regonfler, l'horizon c'est éclairci, le chemin devient moins long, l'existence plus légère, les jours moins gris. Que le temps soit long, la dernière ligne droite, le bout du tunnel, les jours s'écoulent lentement, le bouquet est aux anges. La pousse grandie, bouge, se trémousse, elle vit, on ne voie plus qu'elle sur ce lit de terre devenu fertile. Le couple ne respire plus que par elle, pour elle, avec elle. Deux minuscules feuilles, font leur apparition sur la tige qui s'épanouie, pour le plus grand bonheur de ses soigneurs. Son évolution est scrupuleusement surveillée, maternée, couvée, rien n'est laissé au hasard, la moindre nouveauté est observée, analysée, examinée, commentée rien ne peut échapper aux deux producteurs. Un soir du sixième mois, soucieux de ne pas voir se trémousser la tige et ses quatre petites feuilles, provoque un haut le cœur, des deux architectes en herbe. Elle ne bouge plus, elle semble endormie ou assoupie, vite il faut aller voir le jardinier sans attendre et lui demander son avis. Le verdict est sans appel la fleur n'est plus, la pousse c'est interrompu, le bouton ne s'ouvrira pas pour offrir son parfum et sa beauté, c'est fini.

Le bouquet ne respire plus, les feuilles tombent, les pétales pleurent, les tiges fléchissent, les couleurs s'assombrissent l'eau du vase moisie, l'harmonie est partie, la composition se décompose, pas de pose pour la chute qui emporte avec elle les espoirs déconfits, un gouffre sombre et ténébreux, engloutit la peine et la douleur pour qu'on ne les voit pas pleurer. Seuls ils sont seuls écrasés par des années, qui reviennent alimenter leur châtiment, leurs pleurs, leurs peurs, leur détresse, leur malheur, leurs souffrances, leur mal au ventre. Les fleuristes sont tristes. Deux jours à attendre, à se morfondre et espérant que le désherbant conseillé par le spécialiste paysagiste, face peut être effet en éliminant sans intervention, ce qui fut un début de vie. Quarante-huit heures de pensées noires, d'en vouloir au monde entier, d'isolement et de larmes n'ont rien fait, les racines sont bien plantées dans la terre nourricière, même si elles n'y puisent plus, elles ne veulent pas lâcher la douceur et la sécurité d'une mère nourricière.

Il faut s'y résigner, il faut l'arracher, la déraciner, la déloger, l'éliminer. A genoux, éreintés, vidés, il est urgent moralement et physiquement d'en finir. Main dans la main les horticulteurs vont donner leurs âmes, leurs tripes pour achever de créer la mort à défaut de la vie. Une rose sans sève est passée de la terre aux cendres sans pouvoir partagé ce qu'elle avait de plus pure, l'innocence du nouveau-né. Le bouquet est bien mal en point et les façonneurs d'arc-en-ciel ont rangé les engrais et autres fertilisants. Le temps n'est pas à la créativité, l'heure est à la recomposition des bases, placer de nouveaux tuteurs, à se retrouver, faire un point en silence. La notion de durée est oubliée, des jours des semaines, des mois ? Toute notion est disproportionnée, le fil a été coupé, cependant l'essentiel a repris le dessus. La passion est plus forte que tous, même si ce n'est pas facile il faut serrer les dents et laissé parler son cœur.

L'eau du vase changé, les tiges se redressent, les feuilles s'éclaircissent, les pétales sourient de nouveau, le bouquet frétille. Un rayon de lumière a enfin réussi à pénétrer dans la serre des semeurs d'espoirs. Continuer, persister, recommencer, il faut se remettre à la cueillette des sèves positives et léser de côté ses blessures, lentement se refermer. Penser au prochain printemps, qui versera sa douceur dans la source des semeurs avides de voir leur sol se ranimer et reverdir pour embellir l'avenir. Périodiquement, méticuleusement, le nécessaire au butinage a repris de l'activité. Analyses, tests, attentes, espoirs, déceptions. Insémination après insémination, mois après mois, le moral est décoloré, le bouquet patient et meurtri, guette l'étincelle qui ravivera la flamme des deux cœurs endoloris. Viscéralement, sans émotion, sans tendresse, comme des marionnettes, le couple poursuit la culture du végétal, vital à leur survie. La terre bouge ! Les ouvriers n'en croient pas leurs yeux, mais elle bouge. On sort les outils de précision, on contrôle de plus près, c'est vrai, ça vie ! On recontrôle, on réexamine, on confirme, ça a pris. Les esprits se réjouissent avec discrétion, et croisent le passé sans s'y attarder, pour ne se consacrer qu'à l'avenir de cette lueur qui ravive l'appétit des apprentis. Neuf long mois, d'attente, de crainte, les plaies ne sont pas totalement cicatrisées, le doute, la méfiance, l'incertitude, sont là pour freiner un excès de tendresse ou un attachement trop prématuré. Sept mois sont passés, les craintes se dissipent, le bouquet prend confiance, on y croit un peu plus chaque jour mais pas sans une pointe de retenue. Vu le climat et pour des raisons agraires, le paysagiste programme le jour "J". Pour le 21 janvier, quinze jours avant la date prévue. De la première pensée du jardiner, au jour béni, dix hivers ont défilé, sans nouvelle fleure dans le bouquet, des deux compositeurs amateurs. Le paysagiste et son équipe, de vert vêtu, s'afférent au tour du lopin de terre pour libérer de son antre, la fleur du bonheur. Avec une précision chirurgicale, les mains gantées ouvrent le sol, d'où surgie la pousse, pressée de goûter, à feuilles déployées l'air du nouveau monde ou elle vient de rentrer. Choyée, examinée, nettoyée, il est temps de présenter la demoiselle aux impatients. D'un regard ensoleillé, le fleuriste détail la rose qui lui est présenté, la tige, quatre minuscules feuilles verdoyantes, les pétales rose pâle, l'inventaire fait, il respire profondément et accueille avec fierté le fruit d'un passé consacré à tant espérer. Les joues humides, les membres tremblants, la tête vide, ils ne voient plus que le petit et fragile être, qui embrase leurs cœurs et éclairci l'âme des cueilleurs. Rien ne peut détourner leurs regards, « de leurs ROSE «. Le monde qui, l'entourent n'existe plus, il n'est plus, ils n'écoutent plus que leurs bonheurs, en ces instants ils sont seul au monde noyé dans les couleurs de la fleur. Le bouquet est enfin comblé, le temps a donné raison aux persévérants, même les moments difficiles sont atténués, les cœurs sont serrés, tant de joie, de plaisir, donnés par une si petite graine, vaut bien la peine de se battre contre les mauvais éléments. Le chemin a été complexe et chaotique, en laissant des traces indélébiles. Pourtant il faut tout donner pour que votre terre vous ouvre un bel horizon pour le reste de votre vie. Les roses ont beau avoir des épines, on ne voit que leur douceur et leur beauté. Il faut tout faire pour vous offrir un bouquet enjolivé. Avec beaucoup d'amour et de persévérance même l'hiver des fleurs peut éclore. Pour nous c'est le 21 janvier 1993 que « Flo » notre fille est venue parfumer notre vie. L'existence du nouveau trio se poursuit tranquillement mais la maman est triste sans savoir pour quelle raison, elle ne s'occupe pratiquement pas de sa progéniture c'est le papa qui se lève toutes les nuits pour changer « Flo » la donner à sa mère qui la nourrie aux seins, il lui fait faire ses rots et la recoucher. Durant huit mois le rituelle nocturne se poursuit et la maman se remet doucement de sa dépression post-partum. Quatorze mois après l'arrivée de notre « belle ROSE » un nouveau pouce surgie comme par magie sans aucune intervention extérieure hormis le « breuvage » absorbé par le jardinier. Mais la jardinière n'est pas du tout satisfaite de se remettre à jardiner. Pour elle cela est trop-tôt et la saison n'est pas propice à la venue d'une autre fleur. Et comme un accord le couple de pépiniéristes prit la solution de ne pas garder cette pousse, avant qu'elle ne grandisse. L'arrachage fut fait par un professionnel de l'interruption volontaire de n'aisance de plantes non désirées ou décolorées. En 1996 toujours à l'aide de son « aphrodisiaque » indispensable que le planteur avait comme seul engrais pour fertiliser la terre et reproduire une fleuraison et l'espoir de voir germer une autre pousse pour raviver leur bouquet, les planteurs par un temps propice le 26 juin 1997 accueillirent un joli « ROB » un magnifique bouton-d'or qui relança leur bon humeurs, joies de vivre et redonna une autre bonne raison de croire au bonheur ravivé.

1998 de renouveau mon emploi me rejouait des tours, la routine, l'ennui, un manque de nouveautés et une stagnation de la progression de ma carrière… ravivait un début de déprime. Suite à ma demande d'évolution et d'une

augmentation salariale à ma direction et leur refus catégorique, me provoquas un choc inattendu et une très grande désillusion. Très troublé et pris de colère, de rancœur et d'une grande rage, je pris une résolution, « changer d'employeur ».
Suite à ma recherche d'emploi, je fus très vite contacté par une société de service informatique qui me proposa un poste de chef de projet sur un nouveau langage de programmation et un meilleur salaire... Ni une ni deux, je donne ma démission à mon directeur, qu'il accepta sans aucune hésitation. C'est le jour de mon départ que je pris conscience du peu de reconnaissance que les employeurs à cette époque donnaient à leurs employer, Huit années de bon et loyaux services et aucune gratitude ni le moindre signe de regret... Ce qui m'a replongé dans une dépression très grave avec une immense reprise de mes angoisses, leurs intensités n'avaient jamais dépassé ce niveau de souffrance et comme mon supplice était vraiment invivable je repris la boisson de plus belle. Sans elle il m'était impossible d'aller travailler à tel point que je m'obligeai à rentrer le midi, manger chez moi mais surtout pour boire. J'ai même passé une journée entière à rester dans ma voiture à boire, sans me rendre au travail. Un ami qui avait fait médecine appela un de ses camarade d'étude pour qu'il m'hospitalise dans son unité en neurologie, ce fut ma première entrée en milieu hospitalier pour dépression et malheureusement pas la dernière. Suite à ma sortie avec un traitement médicamenteux, je poursuivi mon travail avec des angoisses, un peu plus supportables. Durant cinq ans je fessai beaucoup de déplacement pour le passage à l'an 2000... En fin 2001 j'avais dû me faire hospitaliser dans une clinique psychiatrique « Champ vert à l'environ de Lyon » le psychiatre qui me suivait changea mon traitement, un mois plus tard je suis contacté par une entreprise qui cherchait un responsable informatique pour prendre en charge leur service et les faire passer à l'Euro pour 2002. Donc je démissionne de la société qui m'employait à cette époque et j'intégrais mon nouveau poste avec un moral légèrement plus positif. Mais les mois passant je me rendis compte que les gérants de cette société martyrisaient leur employés et les harcelaient moralement, mais pas avec moi car mes compétences pour faire passer

leur informatique à l'Euro étaient de plus en plus rare sur le marché de l'emploi tellement les informaticiens étaient convoités par toutes les entreprises dans ces temps de chamboulement des programmes informatiques, étaient demandeur en compétences pour effectuer autant de modifications à l'approche de la date fatidique et impérative du premier janvier 2002. Ce jour-là j'avais réalisé toutes les modifications des programmes concernés par l'impact du changement de monnaie. Tous les tests et vivifications s'avérant concluantes et malgré cela, ma période d'essai arrivant à sa fin, on me fit comprendre que mon contrat s'arrêtait là. C'est par la suite que je réalisai, pourquoi les conditions d'embauche étaient si alléchantes, ils ne mon recruté que pour le temps du passage à l'Euro. Me voici au chômage accompagné d'une nouvelle rechute et le retour de mes insupportables angoisses et ma compagne et ennemie la « boisson ». Mes rapports avec ma femme sont moins tendres et chaleureux, des relations plus brutales, humiliantes, dégradantes, vexantes, et blessantes pour ma femme. Et surtout sous l'emprise de l'alcool, cet alcool qui me donnait de moins en moins de libido le temps passant. De là nos rapports sont devenus de plus en plus rare il s'est parfois passé des mois sans que je puisse toucher ma femme, je vivais une sexualité solitaire, sans fantasmes, mais uniquement avec des photos, des vidéos de femmes, qui réveillaient ma libido et mon plaisir sexuelle. Pour quelle raison ma virilité est au beau fixe avec des actes solitaire et plus avec ma femme ? Toutes ces questions je me les suis posés, je les ai tournés dans tous le sens mais rien n'est venu me donner un brin de réponse ou un soupçon de solution à prendre pour stopper cette chute en avant qui me consume à petit feu. Dans la vie d'un couple on a beau dire que la sexualité n'est pas tout, mais cela compte pour beaucoup dans l'épanouissement de la femme et de l'homme. Où pourrai-je trouver les solutions à mes calvaires ? Hospitalisation à « Camp vert » comme toujours les mêmes refrains et revoir le traitement, à croire que rien n'évolue on fait un pas en avant et deux pas en arrière. Les centres psychiatriques sont que des refuges, qui vous apaisent, protègent de vous-même et des réalités extérieures, pour un certain temps mais en sortant, plus ou moins apaisé, rassuré vous retrouvé les mêmes réalités rien ne change et malheureusement c'est la rechute assurée, ce qu'il faut c'est simple à dire et de le savoir mais ce qui doit être réorganisé est en nous.

Aller chercher à l'intérieur la paix qui est en nous et qui nous fait défaut. Ne plus éviter la tête à tête avec nous-même. Pour vivre en paix avec soi, il faut le décider, oser s'écouter, se tourner enfin vers soi. « Si on ne trouve pas son repos en soi-même, il est inutile de le chercher ailleurs » (La Rochefoucauld). Bien se connaitre, identifier ses forces et ses faiblesses, sont les conditions indispensables pour vivre sereinement avec soi et les autres. Le dialogue intérieur, harmoniser tous les aspects de soi, le moi conscient et inconscient. S'interdire d'avoir des pensées négatives. Se retrouver soi-même pour en finir avec ce désordre intérieur. Si mon moi me gâche la vie je me dois d'apprendre à le connaitre et à lui faire face. « Le travail sur soi ». Finir avec les fausses images de soi et nous qui nous détournons du simple plaisir d'être là dans l'instant présent. Le soi, c'est le moi, et le moi, c'est l'ego. Ne pas donner plus d'importance qu'il devrait à son moi. Accorder à son ego l'attention nécessaire pour qu'il ne souffre pas est un acte d'hygiène mental. Au quotidien mon ego est juste un élément au milieu de tout ce qui importe de cultiver : le respect de soi, sociabilité, ouverture au monde, engagement… Ecouter ses émotions, les vivres, essayer de savoir quel pensé là déclencher et comprendre le comportement qu'elle vous a suscité… mais ne pas lui obéir aveuglement. Se débrancher de temps en temps et laissé courir votre moi dans la nature et ne pas faire une total confiance à nos pensées. Tout cela est très simple et facile à dire ou à écrire mais la réalité est toute autre. Le corps médical en psychiatrie a de belles théories et des traitements médicamenteux pour nous aider à supporter tous nos maux dont ils n'ont qu'une simple estimation de nos insurmontables souffrances. Nous ne sommes que ce le fruit du comment que nous traitons, interprétons et croyons de nos pensées. L'être-humain a plus ou moins 60 000 pensés par jour, à peu-près une à la seconde et pratiquement plus de 60%, « à la dernière estimation des neuroscience » sont négatives et récurrentes à celles du jour précédant. Avec la dépression ou le mal de vivre… ce taux est plus élevé que les personnes sans symptômes particulier à la dépression ou autre signe de mal-être. La majorité de nos pensées dépressives sont sur le passé, sur le futur, une minorité sur le présent que nous oblige notre conscient pour pouvoir faire face à la réalité du moment où il faut agir consciemment sur l'instant présent et poursuivre à exister. Donc en 2003 à la recherche d'un emploi plus sédentaire pour pouvoir profiter de mes enfants, de les chérir, les accompagner à l'école ou à leur activité sportive, les sorties promener aux jardins d'enfants… tout simplement les voir grandir. Durant cette période d'inactivité je pris la décision d'obtenir mon BTS en informatique de gestion. Suite à mes renseignements sur les possibilités que j'avais pour y arriver. J'ai découvert la « VAE, valorisation des acquis de l'expérience ». Pour cela il fallait établir un dossier justifiant de mes expériences dans les matières principal du BTS « en informatique bien sûr, math, français, en anglais puis une lettre de motivation » et si votre dossier étai accepté par un comité de présélection, mon dossier validé positif je devais avoir un entretient avec un assemblé d'enseignants de toute les matières décrites dans mon dossier et la lettre de motivation, était aussi présent le recteur de l'académie de Lyon. Durant plus d'une heure je fus interrogé par tous les participants sur chaque matière.

Lettre de motivation :

« Il était une fois, un petit garçon de huit ans... Qui avec sa maman, ses cinq frères et sœurs, arrivèrent en France au début de l'hiver soixante-huit, rejoindre son papa, parti depuis trop longtemps. Fuyants le Franquisme et la faim qui sévissent dans leurs Andalousie natal, ils rêvent de jours meilleurs.

La première année fut pour ce petit garçon étranger une période de très grandes découvertes. Il voyait pour la première fois, en ce huit décembres à Lyon la ville lumière, ses premiers flocons de neige, des vitrines belles et bien garnies, et tous ces gens qui ne parlent plus comme lui. Il ne comprend pas pour quelle raison il ne sait plus lire toutes ces jolies phrases vêtues d'étoiles colorées.

Du haut de ses huit ans, profil bas, il regarde ses camarades de C.P. qui se moquent de celui qui ne sait pas lire, écrire et parler cette langue bizarre. Tout est à refaire, mais avant toutes choses parler avec ces nouveaux mots si difficiles à prononcer. De classes en classes le temps passe, et son retard scolaire ne l'a pas rejoint, bien au contraire. Il finit sa scolarité avec une moitié de C.A.P. de mécanicien régleur de métier à tisser en poche. Mais le temps des canuts est bien lointain en ce milieu d'année soixante-dix-huit.

De petits métiers en missions intérimaires il vit comme beaucoup de personnes, dans le monde industriel des années quatre-vingt. Un jour son train-train d'ouvrier spécialisé, va croiser ce qui va devenir une révolution, un nouvel outil de travail, un loisir, une ouverture sur le monde… en deux lettres un P.C. Un ordinateur quelle idée en cette année quatre-vingt-trois, pour un ouvrier, d'investir, s'endetter dans l'achat d'une chose dont il ne connaît que le nom « personal computer ».

Ses débuts d'auto apprentissage avec le livre du langage basic, fournis avec la machine, il y passe des nuits à réaliser son premier programme sur cette machine qui ne comprend pas la même langue que lui. Une passion est née. Ce petit garçon à trouver sa voie, il va tout faire pour devenir analyste programmeur. De cours du soir en cours par correspondance il va durant six ans se former, se préparer au passage de passion, à profession.

De petit illettré à autodidacte en informatique cet homme ressemble à des milliers d'autres autodidactes. Il lui manque quelque chose. Cette chose que tant de fois on lui demande, ce document qui lui fait toujours défaut, la preuve de ses compétences, le témoin, le juge, l'avocat, de ses dire, la feuille au libellé si flatteur, un « DILPÔME ». La passerelle de l'autodidacte à diplômé, le rêve, la terre promise, un aboutissement. » Et c'est comme cela que j'ai obtenu mon BTS, après plus de dix années à être embauché à des postes exigeant un niveau de BAC plus deux.

En 2004 je trouve un emploi comme responsable informatique pour une PME fabriquant des masques de ski et des lunettes de sport, dans le Jura. Donc me voici parti des environs de Lyon à Saint Claude dans le haut Jura, durant mes six mois d'essais je vivais seul « non ! toujours accompagné par mes angoisses et ma libido en berne » dans cette nouvelle ville avec un cadre de vie bien plus agréable et paisible que Lyon. Je rentrais toutes les fins de semaines retrouvées toute ma petite famille restée à Vénissieux. La période d'essai passée tout mon petit monde déménageât dans le Jura où j'avais loué un grand appartement pour loger mon épouse et nos deux enfants. Un week-end de juin ou juillet, mes parents sont venus nous rendre visite, les deux jours se passent à merveilles « ce que croyais » Le mardi soir ma femme me fait venir dans la chambre de ma fille, âgée de onze ans. Ma fille toute désolée et en s'excusant, de m'annoncer que mon père, le dimanche matin, elle était seule dans la cuisine et que tout le monde dormait, son grand-père est venu la rejoindre et l'a caressé et luis a montré son sexe. Elle poursuit en disant que déjà le samedi soir quand elle était sur ses genoux, il là touchait déjà. Ma réaction fut extraordinairement calme. La première chose que je luis ai dite : Tu n'as pas à t'excusé tu n'as rien fait de mal, c'est ton grand-père qui a commis une grande faute et tu as très bien fait et courageuse de nous le dire ». Je n'ai même pas été surpris ! Dès le mercredi matin j'ai téléphoné à tous mes frères et sœurs qui avait des enfants pour leur expliquer la situation et qu'ils demandent à leur enfant si leur grand-père n'avait pas eu envers eux un comportement similaire. J'ai appris qu'il avait fait des propositions à un de mes neveux. Le même soir j'ai emmené ma fille à la gendarmerie pour porter plainte contre mon père. Elle fut écoutée et filmée par un spécialiste. Quelque mois plus tard je suis descendu voir mon père dans son appartement dans le sud de la France, je voulais l'avoir face à mois pour qu'au moins il s'excuse il n'en fut rien dit « seulement qu'il n'avait rien fait ; il n'a pas reconnu les faits et mes questions il les a esquivées », je l'ai quitté en luis conseillent de se faire soigner. Le procès n'a eu lieu que quatre ans plus tard, où mon père fut condamné à de la prison avec sursis et une amende pour les frais du suivie psychologique de ma fille. J'ai appris durant l'évocation des faits, qu'il lui était aussi reproché, que ces mêmes comportements, il les avait eus envers ma plus petite de mes sœurs quand elle était petite. J'étais

seul avec mon épouse, au tribunal face à mon père, aucun de mes frères ou sœurs n'a eu le courage de l'affronté. Sa défense était qu'il était sous traitement, qu'il ne se souvenait pas de ses actes et que c'était ma femme qui avait mis ces mensonges dans la tête de sa fille... La juge l'a incendié et m'a demandée si je désirai poursuivre en correctionnel, je lui ai répondu que j'arrêtai là, je ne voulais plus avoir affaire avec mon père et que j'ai faits ce qui me paraissait juste pour ma fille. C'est ce jour que je l'ai vu pour la dernière fois depuis ; c'était vers 2008. Ma décision a provoqué beaucoup de remue-ménage dans la famille, une de mes sœurs m'en a voulue, j'ai même eu le doute qu'elle n'ait pas questionnées ses deux filles, d'autres ont appuyés ma démarche, ça a précipité la demande de divorce de ma mère… J'ai appris plus tard que mes proches ont pensés qu'il n'y avait que moi capable d'affronter mon père.
Hormis ce passage désolant, notre vie se passait très bien, dans la grande maison que nous avions louée, hors de la ville et dans un cadre magnifique. Mes angoisses étaient beaucoup moins oppressantes voir presque absentes « heureusement » mais ma libido toujours pas d'amélioration.
Un jour je ne me souviens pas à quelle période, mes enfants m'avaient vraiment énervé je ne me souviens pas pour quelle raison mais j'ai disjoncté ! « Je n'avais pas bu » je leur ai donné une correction d'une extrême violence, ils s'en souviennent encore à « 27 et 23 ans ». J'ai beaucoup regretté mon geste et il m'arrive parfois d'y penser. Je ne les ai plus jamais touchés.

Mais comme d'habitude six ans plus tard, l'ennui et la routine étaient de retours avec mes angoisses accompagnées de mon ami et ennemis « l'alcool » le niveau de mes angoisses devenant de plus en plus grave et la boisson là suivante, et ma deuxième « TS » donc, hospitalisation aux urgences de l'hôpital de Saint Claude, et encore, nouveau psychiatre, nouveau traitement, psychologue et comme d'habitude absence de psychothérapie, la coutume quoi ! Reprise de mes journées qui sont devenues longues puis interminables. Plus le temps passe plus ma consommation est importante je me dégrade, je suis dans un engrenage complètement pitoyable je n'ai pas de solution, tous mes rapports et dans tous les domaines avec mon épouse sont quasiment inexistant, voir conflictuel nous ne sommes plus sur les mêmes longueurs d'ondes, à table elle se met à boire en se disant « cela lui en fera boire moins, ce qui a le don d'augmenter mon stress » cette attitude est très courante chez les personnes qui vivent avec un conjoint « alcoolique ». Rien ne va plus « le travail, le couple... » Je décide de quitter le foyer familial pour aller vivre seul dans un petit studio en ville. J'ai vécu une année de dépravation, comme un adolescent, boisons, discothèque, bar, bande de soi-disant amis... Entre temps rupture conventionnel avec mon employeur, ma femme a demandé le divorce. J'ai accepté toutes ses exigences, le divorce est passé comme une lettre à la poste, au début c'est moi qui avais proposé le divorcer c'est elle qui a fait toutes les démarches, même avocat... Nouvelle hospitalisation à Champ vert et l'éternel rituel rien ne change jamais toujours la même rengaine, diminuer les symptômes dépressifs, calmer, protéger, apaiser, rassurer, sortir le patient de son milieu nocif à son mal de vivre... Après deux mois de « cure relaxante », on me permet de rentrer chez moi pour une semaine pour soi-disant faire un test de réintégration dans ma vie sociale, avant ma sortie définitive. Les huit jours se passent sans phénomènes marquant je suis suffisamment calmé et serein mes angoisses toujours en tâche de fond. Il est l'heure de réintégrer la clinique pour faire un point avec mon psychiatre sur mon séjour hors de la sérénité de la clinique, de mon traitement mes émotions, mes pensées... Sur le chemin du retour une pensé m'obsédait « je vais allez m'écraser contre le muret central de l'autoroute » et durant une heure et demi cette idée saugrenue trottais continuellement dans ma tête. Paisiblement je continuai mon parcours j'allai arriver dans quelque kilomètre au péage et machinalement calmement, j'appuyai sur la pédale d'accélérateur, 120, 130,140 puis 160 km/h, je surveillai le trafic routier devant moi et derrière, je m'assurai que tous les autres véhicules étaient loin de moi. Et viscéralement, instinctivement et sans aucune peur ni autre émotion je donnai un grand coup de volant en direction de la séparation en béton des voies de circulations. Le choc fut si terrible que ma voiture traversa les deux voies dans l'autre sens me retrouvant sur un espace dégagé et verdoyant, j'étais encore lucide à ce moment-là mais ma jambe droite me fessa horriblement souffrir, elle était coincée mais malgré tout je pris mon téléphone pour avertir mon petit frère pour qu'il ne m'attende car j'avais eu un problème « étant donné que j'avais pris la décision de quitter le domicile conjugal et vivre chez lui quelque temps » et j'ai perdu connaissance. Je fus réanimé par les pompiers et tous les gyrophares autour de moi, les forces de sécurités découpaient ma voiture pour parvenir à m'extirper de ce tas de tôles froissées, puis plus rien le trou noir. A mon réveille à l'hôpital, bien des heures après, je ne serai pas estimée le temps passé entre la perte de conscience et mon retour dans le monde des vivants que je désirai quitter ! A ma grande surprise je ne souffrais de quoique ce soit, mais quel fus ma surprise de voir ma jambe droite, du mollet à la cheville un montage du style mécano « jeu d'assemblage de pièces métalliques » avec plusieurs tiges métalliques assemblées entre elle aux moyens de vis. Le chirurgien responsable du montage digne de « robots coop », m'annonça que j'avais cinq fractures, Tibia, Péroné et trois à la cheville, mais que tous redeviendront à la normale, sans aucunes séquelles avec le temps et sans rééducations, ce qui me rassura pleinement. Le jour même j'ai eu la visite de l'un des frères de mon épouse, qui était un employé à l'hôpital. Ses premiers mots furent les suivants, « il va falloir que tu arrêtes tes conneries ». Alor que lui était dans le corps médical et avec des études en médecines n'avait la moindre notion de la souffrance que je devais vivre pour commettre un acte aussi grave et désespéré. Cela donne une idée de ce que l'entourage d'un malade dépressif peut penser de cette maladie, invisible, incomprise et font que culpabiliser et rabaisser la personne dépressive à qui on ne donne qu'une solution, se taire et souffrir seul dans son coin et qu'elle ferait mieux de se donner un coup de pied au « C... » Et d'aller de l'avant… Toutes ces phrases comme « tu as tous pour être heureux (se), que t'arrive-t-il encore ? Tu peux te bouger un peut, trouve-toi une occupation, ne reste pas là à rien faire, rend toi utile, sort va courir ou marcher, secoue-toi un peu, arrête de t'apitoyer sur ton sort, que vont penser nos amis, arrête de tourner en rond... » Quel dépressif ne les a pas supportés, ressassés, insupportés, vous ont agacés, voir énervés, tous ces mots qui ne font qu'aggraver notre maladie. Et nous nous isolons de plus en plus avec notre mal-être, angoisses, anxiété ou autre, comme unique compagnie. Il est vraiment temps qu'un grand coup médiatique soit fait pour faire réaliser au monde entier la gravité de la dépression et ses conséquences parfois irrémédiables. La dépression est un trouble mental courant qui touche plus de 264 millions de personnes de tous âges dans le monde. La dépression est la première cause d'incapacité dans le monde et contribue fortement à la charge mondiale de la maladie. « OMS janvier 2020 ».

Durant un an et encore dans le plâtre, j'ai cherché un logement que j'ai vite trouvé dans la banlieue de Lyon. Donc me voilà au chômage et seul dans un petit studio de 20 m². Et comme j'avais 0.8 g d'alcool dans le sang lors de mon « accident ! », annulation de mes permis de conduire, « récidiviste ». Pas de remord, culpabilité, rien ! Ne trouvant pas un poste qui corresponde à mes ambitions je décide de devenir autoentrepreneur. On me propose une mission de six mois pour faire de l'exploitation informatique pour une compagnie d'assurance à Lyon, elle a durée treize mois, mais à l'issu de six mois il m'a été demandé de passé en profession libéral car j'avais dépassé le plafond du CA pour rester autoentrepreneur, ce que fit. A la fin de ma mission je suis resté sans client durant cinq mois le peu de mes économies sont très vite partis en fumé. Début de mon endettement, dans l'impossibilité de régner les charges que j'ai utilisé pour mes frais courants.

Début janvier 2014 on me propose une mission de six mois sur Paris pour une société de gestion de portefeuilles financiers pour leurs clients. Ma tâche est de débuguer des programmes informatiques. Un jour il m'ais arrivé quelque chose d'étrange dont je n'ai aucun souvenir, le matin je prends le métro comme tous les jours pour me rendre au bureau, j'ai surement passé le passage d'entrée avec mon badge obligatoire pour les portiques d'aces mais pour sortir je n'ai plus rien sur moi, plus de papier, veste, clefs, portefeuille je suis en chemise, obligé de passer sous le portique pour sortir du métro. Il me manque deux heures de ma vie avec cette frustration de ne pas savoir où elles sont passées. J'avais imaginé une agression et j'ai porté plainte en donnant des détaille très précis sur une hypothétique agression. Plainte que j'ai retiré le lendemain pour cause d'incertitude, j'ai failli être inculpé pour faux témoignage, bref. Où sont passées ces deux heures ?

Suite à ma mission sur Paris, plus rien je suis resté encore six mois sans revenu, avec toujours les charges à payer mais avec cinq mille euros de découvert sur mon compte bancaire, et des dettes professionnel et personnel à hauteur de plus de vingt-cinq mille euros, j'arrête mon activité. Je suis au bout du rouleau. Je ne dors plus, ne mange plus, des angoisses terribles donc je demande à être hospitalisé à Champ vert où j'entame une procédure de liquidation judiciaire, qui est approuvé par le tribunal avec effacement de toutes mes dettes, professionnelles et privés. Grand soulagement.

Et une fois de plus au chômage, angoisses quotidiennes et des très grosses angoisses paniques au volant de mon véhicule à deux reprises, tendance à reboire. Demande d'hospitalisation à Lyon Lumière. La personne qui m'avait trouvé la mission sur Paris m'a conseillé de devenir formateur sur un langage de programmation en vogue. Donc j'ai investi sur ce logiciel et j'ai débuté mon auto formation, toujours rebondir même avec la dépression. Malheureusement je n'ai vraiment pas eu d'enthousiasme pour me reconvertir à la formation. Donc j'ai fait plusieurs missions en portage salariale « vous avez les avantages d'un indépendant mais avec une fiche de paie ». J'ai eu des missions sur Genève, Belgique, Paris, Lyon… J'ai fini à Grenoble ou j'ai travaillé durant un an, quatre mois en portage salariale puis 3 CDD de six mois et comme à mon accoutumé l'ennui et la routine ont resurgis et nouvelle hospitalisation à la « Clinique du Dauphiné », à la périphérie de Grenoble et là je me suis découvert une autre passion et l'altruisme donc j'ai repris des études par correspondance, pour devenir « thérapeute du bien-être ». Mon moral allait très bien plus d'angoisses, volatilisés comme par miracle ! Et durant ces deux mois à la clinique je me suis mis à aider, avec la méditation guidée, une fille que je trouvais très triste et agressive puis du, bouche à oreilles, j'ai suivi une cinquantaine de personnes, ce qui m'a permis d'augmenter la confiance en moi, mon altruisme et mon expérience sur la pratique de la « Méditation, EFT, EMDR… » Tous les retours étant très positif j'avais pris la décision, de me remettre à mon compte et d'ouvrir mon cabinet en ville. A ma sortie de la clinique je pris un crédit et je m'installai comme Thérapeute du bien-être. Mais ne voici pas l'apparussions du « Covid-19, le confinement… » Et toutes mes espoirs partent en fumé pas de clients, arrêt de mon activité, chômage, confinement, dépression, angoisses, alcool avec « modération pour une foi ! » et de nouveau retour à la Clinique du Dauphiné. En ce jour du 5 juin 2021qutre mois suite à mon admission je me trouve dans ma chambre, devant mon écran d'ordinateur à écrire ce que j'espère deviendra un livre. 60 ans cette année, je suis toujours à la recherche des causes ou les origines de ma dépression chronique qui est imprimée dans mon subconscient. Et je me retrouve avec face à moi un grand dilemme « à mon âge et avec ma maladie qui me poursuit depuis tant d'années » c'est un moment crucial pour la poursuite de mon existence, trop handicapé par la maladie et trop vieux pour retravailler et pas suffisamment pour la retraite. Donc il ne reste qu'à trouver une autre source d'intérêt pour me relever encore une autre foi. Donc je me lance dans l'écriture. Et l'avenir verra. Toutes les pages que vous venez de lire ne relatent que mon vécue personnel, ne surtout pas vous identifier à mes écrits. Chacun a son vécue qui est unique comme son passé, le présent et futur qui nous est particuliers.

Mon instabilité n'est-elle pas due à mon travail ? Au début, toujours tous beau tous neuf et avec le temps tous s'effrite, part en déconfiture, en ennuis, lassitude, instabilité… Ma vie est une fuite en avant dans mon milieu professionnel, ce qui engendre des disfonctionnements dans toute la chaine de ma vie globale. Il arrivera un jour ou par la force des choses, par exemple l'âge où il faudra poser ses valises mais cette démarche je n'ai pas le tempérament ni l'envie de la prendre.

D'où me vient cette instabilité ? Ce besoin de nouveautés, de découvertes, de savoirs ? Comment stopper ces humeurs, ce tempérament et cet état d'esprit qui me déclenche des dépressions qui détruisent ma stabilité et mon mal être général ?

Deux personnalités : Une façade et une intérieure. Il-y a une qui sonne faux. Je ressens la face que les personne voie, comme un masque qui ne reflète que froideur, tristesse, sévérité… l'autre en moi est gaie, pleine de vie, d'humour, de joie de vivre, de rire… mais pour quoi cette barrière entre les deux ? Il me faut détruire ce barrage pour libérer et unir ces deux univers. Pour m'épanouir pleinement dans ma vie et être avec les autres, famille, amies, inconnus… une personne, chaleureuse, ouverte, avenante, plaisante, sympathique, sociable, attirante… mais ma face négative est au premier plan. Comment changer et relier ces deux personnalités ? J'ai remonté le temps sur mon passé pour savoir à quel moment de mon existence j'ai perdu ma vraie nature où créer le mur entre la vrai et la fausse personnalité. Je veux savoir, comprendre et effacer cet instant de ma mémoire pour redevenir l'être avec une personnalité vraie. Mais je ne trouve pas le déclic qui a déclenché, ce double personnage. Je voudrai me souvenir de mon enfance à aujourd'hui et pouvoir localiser la naissance de cette face qui chaque jour me fait être si mal dans ma peau et mon mental. Elle serait si vivante mon existence avec ma vrai nature intérieure si c'est le vrai. Comment donner naissance à un authentique tempérament ? Etre en concordance avec moi-même est une des choses qui me tient le plus à cœur car l'harmonie est la base de tous pour être bien dans son corps et son éprit. Ma difficulté à trouver les mots et à les comprendre les interpréter sont si difficiles que même mon stylo en herbe est coupé sous sa bille. Il me semble qu'il existe une solution. Ne plus afficher une ou l'autre, laisser la quête du pour quoi et ne se concentrer que sur le meilleur moyen de fusionner les deux ? Et pouvoir les utiliser avec une bonne attitude… Et pour chaque cas s'adapter avec la bonne dose de l'une et de l'autre. Pour cela il va falloir faire de très grands efforts sur moi pour s'ouvrir et ne pas donner qu'une face mais équilibrer le tout pour être en phase avec soi-même et avec les autres. En les surprenant ainsi que moi-même.

Un homme de 60 ans a t'il le pouvoir de changer de comportement, de manière d'être, de parler plus, d'être plus ouvert sur les autres sans avoir recourt à un moyen de substitution comme par exemple l'alcool ? Mais la véritable question est d'où est venu ce choix pour ce poison. En général c'est une automédication. Quel est le mal ou les maux qui ont déclenchés cette automédication ? Pour ma part elle est arrivée par une perte de libido à un très mauvais moment. En pleine période de procréation médicalement assisté et à un très intolérable passage dans ma vie professionnel. Suite à cette période instable et de doutes j'ai un soir eus une panne sexuelle qui a déclenché une forte dépression, une perte totale de libido et une très grande période de doute. Suite à mes problèmes professionnels et à tous les examens et à la perte de toutes libidos il fallait tout de même poursuivre tous les examens et tests pour avoir un enfant. Il fallait être en pleine forme à tout instant pour répondre au besoin des tests et au rapport sexuel mais sans envie cela était très difficile pour moi d'être au top niveau pour les accomplir. Mais avec une libido en berne et de très fortes angoisses il est très difficile de donner le maximum pour pouvoir devenir père. Et de donner le meilleur de soi dans un travail qui me démoralise de plus en plus.

Et là par un pur hasard arrive l'alcool, il vous détend, vous retrouvé votre libido, vos angoisses se volatilisent, vous été bien dans votre tète, vous pouvez refaire l'amour à votre femme, votre mal être n'est plus… Mais malheureusement les effets de la boisson ne sont qu'éphémère. Donc tous vos maux reviennent à grand pas. Au travail le moral est dans les chaussettes et le soir venu vous rentrez chez vous avec l'angoisse de ne pas savoir qu'el test, ou s'il faut avoir un rapport avec sa femme. Et tous ses doutes vous angoissent et pour vous détendre et reprendre confiance en vous, vous avez compris et pris le moyen le plus sûr et le plus rapide pour faire face à tous votre mal être « l'alcool ».

Mais la boisson renforce votre dépression elle devient plus pesante, plus présente… De fil en aiguille elle vous mine la vie. Vous ne trouvez pas d'issus à votre mal être, votre douleur physique et mental. Tous vous semble vouez à l'échec. Comment retrouver sa libido, avoir envie de faire l'amour à sa femme. Retrouver cette attirance mutuelle de l'un vers l'autre, tous ces sentiments, ces sensations, perdus. Reprendre confiance en soi être libéré de ses angoisses au moment où l'ont aimerai avoir un rapport. Je ne ressens plut que de la froideur, de la gêne, de la distance entre nous. Je ne veux plus d'alcool pour pouvoir avoir des rapports charnels avec ma femme. Je désir l'embrasser, la caresser, la serrer dans mes bras, la cajoler, lui dire je t'aime, lui démontrer mon amour pour elle… Mais cela m'a terriblement difficile car pour tous ce là il faut que je change de personnalité si c'est bien mon être intérieure qui gère ma libido. Je dois libérer par la parole tous mes sentiments, mes frustrassions, mes angoisses, mes craintes, mes anxiétés… L'alcool désinhibe tous, et fait faire des choses hors du commun, la femme subie des rapports sans envies pour faire plaisir ou pour de se débarrasser au plus vite de cet homme qui n'est plus lui-même. Elle est humiliée, bafouer, rabaisser, elle n'a plus de plaisir elle, est un objet pour le plaisir d'un sous homme que la boisson a rendu égoïste et pitoyable. La femme subit et ne peut s'épanouir pleinement avec cet homme. Ont dit que l'appétit vient en mangeant pour ce là il fait pouvoir avaler la première gorgée. Et là arrivent mes angoisses, ma peur, des incertitudes et pour ne pas avoir à subir tous ces maux je prends mes distances avec ma femme et là s'installe ma terrible souffrance de ne pas pouvoir lui donner ce qu'une épouse attend de son mari. Mon égo n'est plus que l'ombre de lui-même c'est à dire rien. Existe-t-il des remèdes pour stimuler la libido autre que l'alcool ? Si oui donnez les moi vite la solution car un homme sans envies de rapport sexuels depuis des années n'est pas un homme heureux mais plus tôt très mal dans sa tête et dans son corps. La vie d'un couple est faite de moments de tendresse, de partage de sentiments, d'envies d'être ensemble, de se dire des mots doux, de ses enfants qui les réunissent à jamais… Mais je n'arrive pas à réunir tous cela, avec ma personnalité si difficile, complexe et muette. Je dois soigner mon ego, mon moi.

LA DEPRESSION :

Hippocrate est un médecin grec du « Ve siècle av. J.-C », mais aussi philosophe, considéré traditionnellement comme le « père de la médecine ». Il a fondé l'école hippocratique qui a révolutionné intellectuellement la médecine en Grèce antique. IL décrit à son époque un syndrome de mélancolie comme une maladie distincte avec symptômes mentaux et physiques particuliers. Il le caractérise par la persévérance de la crainte ou de la tristesse. Il s'agissait d'un concept similaire mais beaucoup plus élargi que la dépression actuellement connue ; une importance est attribuée à des symptômes de tristesse, de découragement, et souvent de peur, de colère, de délires et d'obsessions.

Le terme de « dépression » en lui-même est dérivé du latin « deprimere, se décourager ». Dès le XIVe siècle, « depress » signifiait subjuguer ou rabaisser les esprits. Il est utilisé en 1665 par l'auteur britannique «Richard Baker» dans son ouvrage « Chronicle » pour désigner quelqu'un ayant une grande « dépression de l'esprit », et par l'auteur également britannique « Samuel Johnson » désignant un sens similaire en 1753. Le terme est également utilisé dans les domaines » météorologique et économique. « Un premier usage désignant un terme psychiatrique est effectué par le psychiatre français « Louis Delasiauve » en 1856, et dès les années 1860, fait son apparition dans les encyclopédies médicales pour déterminer une diminution physiologique et métaphorique de la fonction émotionnelle. Depuis « Aristote (384-322 av. J.-C.) est un philosophe grec. Disciple de Platon », la mélancolie est associée aux hommes à la capacité intellectuelle immense, à une source de contemplation et de créativité. Un nouveau concept abandonne par la suite cette idée et l'associe, dès le XIXe siècle, aux femmes. Bien que la « mélancolie » ait été désignée comme le terme médical, le terme de « dépression » gagne en popularité lors de diagnostics et devient officiellement le synonyme de mélancolie ; le psychiatre allemand « Emil Kraepelin » aurait été le premier à utiliser ce terme en désignant des genres différents de mélancolie en tant « qu'états dépressifs »

Au fil des siècles, la dépression a peut-être changé d'appellation mais elle a toujours existé. Dans l'Antiquité, la mélancolie c'était pratiquement dans certaines formes une expérience très proche de ce qu'on peut connaître aujourd'hui. C'est une maladie qui a son origine dans les viscères. Et plus précisément, c'est l'étymologie du terme mélancolie dans un dérèglement de la bile, la bile noire qui envahirait toute la personne, explique « Nicolas Heynckes, » sociologue historien.

Pour évacuer cette « bile noire », pendant des siècles les seuls traitements sont les bains, les potions à base d'ellébore, les laxatifs et autres vomitifs. Jusqu'aux années 1800, où la psychiatrie devient une discipline médicale officielle : On va abandonner l'idée organique qu'on avait héritée de l'Antiquité et qui avait dominé toute l'histoire jusqu'alors, pour situer l'origine de la dépression dans le cerveau. Et précisément, dans ce qu'on appelle la monomanie, une idée fixe qui s'empare de la personne et qui va dominer toute sa psyché, raconte « Nicolas Henckes ».

La mélancolie s'apparente désormais à une « maladie de l'esprit. « Et bien souvent elle conduit à l'enfermement. Placés en asile psychiatrique, les patients subissent un traitement moral alors qu'en ville, d'autres font l'expérience de la psychanalyse popularisée par le célèbre « Sigmund Freud ». Et dans les années 30, il y a eu des traitements biologiques qui ont été destinés aux patients mélancoliques, c'est-à-dire souffrant de dépression très sévère et notamment l'utilisation de l'électricité avec « d'électrochocs », avec beaucoup d'efficacité et qui permettait de guérir certains états. Et dans les années 50, on a, à partir d'un antituberculeux, découvert des vertus antidépressives d'un médicament, note le « Pr Luc Mallet », psychiatre. Le premier antidépresseur est alors né.

D'autres innovations pharmacologiques lui succèdent. Et à la fin des années 70, les chercheurs isolent une molécule mieux tolérée avec moins d'effets secondaires « la fluoxétine, antidépresseur », commercialisée sous le nom de Prozac : Ce qui va être déterminant dans le Prozac, c'est sa diffusion massive. Et du fait qu'il a moins d'effets secondaires, il va être administré à des formes plus légères. Le Prozac va être considéré par certains psychiatres et éventuellement certains patients comme une drogue du bonheur, comme une façon de se booster, pratiquement une manière de se doper dans la vie de tous les jours sans nécessairement avoir des symptômes extrêmement graves, souligne « Nicolas Henckes ». Les médecins savent aujourd'hui que le médicament miracle n'existe pas. Mais les avancées scientifiques ont permis de vaincre certaines idées reçues. La dépression n'est pas une simple maladie psychologique. Elle entraînerait des lésions visibles dans le cerveau comme le confirme le Pr Mallet : On a réalisé des études avec l'imagerie cérébrale qui montrent qu'il y a des régions cérébrales qui dysfonctionnent quand on est dépressif. Et ces régions sont soit liées à la régulation des émotions, il y a aussi un système lié à la mémoire et on sait par exemple que des neurones qui sont dans une région du cerveau qu'on appelle l'hippocampe sont touchés et ont un dysfonctionnement, voire souffrent de façon très active pendant les épisodes dépressifs ce qui pourrait expliquer une partie des symptômes qui sont des troubles de mémoire, des troubles de concentration. Ces troubles continuent d'intéresser les chercheurs car en matière de santé publique, l'enjeu est de taille. D'après l'Organisation Mondiale de la Santé, la dépression serait la deuxième cause d'invalidité dans le monde. La dépression est l'un des troubles psychiatriques les plus fréquents. Qui sont des troubles de l'humeur et perturbe fortement la vie quotidienne par un état de souffrance morale généralisée. Une personne atteinte de dépression ressent les émotions négatives plus intensément et durant plus longtemps que la plupart des gens et ont des pensés plus négatives que d'ordinaire. La dépression peut survenir à tout âge, y compris dans l'enfance, mais elle apparaît pour la première fois le plus souvent à la fin de l'adolescence ou au début de l'âge adulte. En mai 2020, 13,5 % des personnes âgées de 15 ans ou plus vivant en France déclarent des symptômes évocateurs d'un état dépressif, une proportion en hausse de 2,5 points par rapport à 2019. L'augmentation est plus marquée chez les femmes et les moins de 44 ans, et tout particulièrement chez les 15-24 ans. 22,0 % des jeunes de cette tranche d'âge déclarent ainsi des problèmes de ce type en mai 2020, contre 10,1% en 2019 et 4,2 % en 2014. La proportion de jeunes présentant ce type de syndromes a donc plus que doublé en l'espace de 5 ans entre 2014 et 2019, puis à nouveau entre 2019 et mai 2020. « Le Covid-19, n'est pas neutre !». La dépression touche près d'une personne sur cinq au cours de sa vie et concerne aujourd'hui trois millions de Français. Avec le confinement, et notamment l'isolement et l'ennui qui en ont découlé, la santé mentale des Français s'est considérablement dégradée en 2020. Le taux de dépression nécessitant un accompagnement chez les salariés explose. Il passe de 21 % à 36 % « +15 points par rapport à décembre 2020 » tandis que le nombre de dépressions sévères a doublé en un an « 21 % en mars 2021 contre 10 % en avril 2020. » La première étude mondiale de large ampleur révèle que près de 1 personne sur 4 dans le monde souffre aujourd'hui de dépression ou d'anxiété. En cause : l'épidémie du coronavirus et les mesures de restriction. La troisième vague est aussi psychologique !

Véritable fléau mondial, la dépression sera en 2030, la première cause d'invalidité selon l'OMS (Organisation Mondiale de la Santé). En France, près de 8 millions de personnes ont vécu ou vivront une dépression au cours de leur vie. Il y a donc urgence à informer les populations et à développer des interventions précoces de soutien psychologique.

Les différents troubles dépressifs :

Les types de dépression sont définis dans le DSM-IV « Diagnostic and Stastitical Manual of Mental Discorders » par les différents types de troubles de l'humeur. On y différencie deux grands types de troubles à savoir les troubles unipolaires et les troubles bipolaires. Des distinctions sont faites également à l'intérieur de chaque trouble en fonction du nombre des symptômes, de la durée des troubles, des conséquences du trouble sur la vie quotidienne, de la période particulière d'apparition ou encore de l'existence de particularités analogues.

Un épisode dépressif majeur, pour être diagnostiqué comme tel, doit comporter obligatoirement une humeur dépressive ou un désintérêt marqué allié à d'autres symptômes caractérisant la dépression « voire le chapitre suivant ». Le trouble dépressif majeur est caractérisé par la survenue d'un ou plusieurs épisodes dépressifs majeurs. Pour que le trouble dépressif soit reconnu, ces symptômes doivent être présent quasiment tous les jours et durant toute la journée sur une durée de deux semaines. Lors du diagnostic, la souffrance de la personne sera prise en compte ainsi que les conséquences de ce trouble sur sa vie quotidienne, ses relations familiales, sociales et ses activités professionnelles.

Malgré toutes ses caractéristiques, le diagnostic de trouble dépressif majeur ne sera pas retenu si les symptômes sont dus aux effets d'une substance ou d'une affection médicale générale ou encore à un deuil récent d'un être cher.

Certains épisodes dépressifs majeurs ont un caractère particulier non par leur symptôme mais par la période de survenue du trouble.

En France, près d'1 personne sur 10 serait touchée par la ***dépression saisonnière***, avec des inégalités géographiques. Les personnes habitant les régions du Nord, qui sortent peu ou qui travaillent à l'abri de la lumière ainsi que les femmes semblent être les plus prédisposées à la dépression saisonnière.

La ***dépression post-partum*** ou périnatale est une maladie qui touche entre 10 et 15% des femmes au cours de l'année suivant leur accouchement.

La dépression post-partum n'est pas à confondre avec le « baby blues ». Ce dernier est un trouble passager qui se manifeste juste après la naissance de l'enfant. Ce trouble est lié le plus souvent à la fatigue manque de sommeil, aux bouleversements hormonaux et à une augmentation du stress « inquiétude pour son bébé, doute de ses capacités à prendre soin de lui… » Mais il est facilement surmontable.

Les troubles bipolaires

Les troubles bipolaires, « ou anciennement trouble maniaco-dépressif », est un diagnostic psychiatrique décrivant une catégorie de troubles de l'humeur définie par la fluctuation anormale de l'humeur, oscillant entre des périodes d'élévation de l'humeur ou d'irritabilité « manie ou dans sa forme moins sévère d'hypomanie », des périodes de dépression et des périodes d'humeur « normale » « euthymie ». Se caractérisent, contrairement aux troubles unipolaires, par la présence d'un ou plusieurs épisodes maniaques ou hypomaniaques, ce qui n'empêche pas néanmoins l'existence d'épisodes dépressifs en parallèle. On parlera de troubles bipolaires même en l'absence d'épisode dépressif majeur. Le DSM-IV parle d'épisode mixte lorsqu'un épisode dépressif majeur cohabite simultanément avec un épisode maniaque, ceci quasiment tous les jours durant une semaine au minimum. Dans ce cas, la personne passe rapidement à des états d'humeurs extrêmes entre l'euphorie et la dépression.

Le DSM-IV distingue trois sortes de troubles bipolaires : le trouble de type I, le trouble de type II et le trouble cyclothymique.

Type I C'est le trouble bipolaire le plus courant. Il est caractérisé par au moins un épisode maniaque ou mixte. L'épisode maniaque est le plus souvent accompagné d'un épisode dépressif majeur même si ce n'est pas une obligation.

Type II est caractérisé par l'association d'au moins un épisode dépressif majeur et d'un épisode hypomaniaque. L'épisode hypomaniaque présente les mêmes caractéristiques que l'épisode maniaque mis à part au niveau de son intensité et de sa durée.

Cyclothymique Ce trouble est défini par une alternance d'épisodes hypomaniaques et d'épisodes dépressifs légers. Si les troubles sont moins intenses que dans les troubles bipolaires de type I et II, il faut qu'ils durent 2 ans sans interruption des symptômes pendant plus de deux mois. Ce trouble est plus difficilement diagnostiqué car il ne correspond ni aux troubles dépressifs majeurs ni aux épisodes maniaques. Ainsi, les personnes qui en souffrent n'en reconnaissent pas le caractère pathologique et consultent rarement.

Durant l'épisode hypomaniaque, les symptômes sont moins intenses et la durée est plus courte tout en conservant un minimum de quatre jours pour que le diagnostic puisse être posé. Dans ce cas, l'hypomanie, de par sa plus faible intensité n'entraîne pas d'incapacité du point de vue professionnel et social.

La dépression est une maladie complexe et dangereuse. Un professionnel doit vous accompagner pour en venir à bout le plus vite possible.

LES SYMPTÔMES :

La dépression est caractérisée par un ensemble de symptômes et non par un signe isolé. Ces symptômes sont répertoriés dans le DSM-IV qui est l'ouvrage médical de base pour le diagnostic des maladies mentales.

Les signes de la dépression concernent des troubles non seulement de l'humeur mais aussi du fonctionnent corporel et cognitif. Afin d'établir le diagnostic de dépression, il faut la présence d'un certains nombres de ces signes en fonction du type de dépression. Il existe neuf symptômes majeurs dans la dépression décrits par le DSM-IV.

Les 9 symptômes majeurs de la dépression :

1 - L'humeur dépressive

Il s'agit d'un sentiment de tristesse ou de vide présent presque tous les jours et toute la journée. Cette tristesse peut être accompagnée de pleurs ou de sentiment de désespoir. La particularité est que cette tristesse est quasi permanente et n'a pas de motif précis énoncé par la personne.

2 - Diminution de l'intérêt

Il s'agit d'un désintérêt marqué pour la quasi-totalité des activités et en conséquence une absence de plaisir pour des activités qui étaient agréables pour la personne avant l'épisode dépressif. Ainsi, une personne atteinte d'un syndrome dépressif racontera toutes les activités de sa journée sur une voie monotone et détachée d'émotion diminution ou perte d'intérêt sexuel…

3 - Evolution du poids

Les troubles alimentaires liés à la dépression sont caractérisés par une perte de poids significative en l'absence de régime ou au contraire une prise de poids importante. La perte de poids vient d'un manque d'appétit en lien avec le manque d'intérêt général de la personne. L'excès d'appétit peut être une façon de combler le sentiment de vide en avalant de grandes quantités de nourriture.

4 - Troubles du sommeil

Les troubles du sommeil dans la dépression sont caractérisés par l'insomnie ou l'hypersomnie. Dans le cas de l'insomnie, il s'agit d'une difficulté à trouver le sommeil en début de nuit. Malgré sa fatigue importante, la personne dépressive éprouve des difficultés d'endormissement car elle a tendance à penser à de nombreuses choses à cette période. Elle peut d'ailleurs se réveiller plusieurs fois par nuit et durant des temps relativement longs avant le retour à l'endormissement. Ces coupures dans le sommeil amoindrissent les qualités récupératrices du sommeil. L'hypersomnie est caractérisée par un temps de sommeil nettement supérieur à la moyenne. Pour la personne atteinte de troubles dépressifs, le sommeil peut alors être un moyen de fuir la souffrance.

5 - Evolution de comportement psychomoteur

Ce signe est caractérisé le plus souvent par un ralentissement psychomoteur. Les personnes atteintes de troubles dépressifs ont des gestes lents, un débit de parole lent. Cette lenteur peut également atteindre certaines fonctions biologiques comme la digestion. Dans certains cas, l'évolution du comportement psychomoteur est caractérisée davantage par de l'agitation.

6 - Fatigue

La personne atteinte de troubles dépressifs se sent fatiguée quasiment en permanence. Elle ressent un manque d'énergie qui la met en difficulté pour se mettre en activité. La fatigue est également due en partie aux troubles du sommeil qu'elle rencontre.

7 - Sentiment de dévalorisation

Lors d'un épisode dépressif, la personne ressent un sentiment excessif de dévalorisation de sa personne et/ou éventuellement un sentiment de culpabilité importante qui est le plus souvent en dehors de toute réalité.

8 - Troubles cognitifs

Il s'agit d'un dysfonctionnement cognitif qui diminue la capacité de raisonnement. Parallèlement à cette difficulté à penser, on trouve des difficultés de concentration et de positionnement qui entraine une incapacité à prendre des décisions.

9 - Idées noires

Ces idées noires peuvent concerner la personne atteinte du trouble dépressif ou d'autres personnes. Elles concernent entre autres des idées récurrentes de mort ou de suicide. La personne dépressive peut également penser au suicide de façon concrète avec l'imagination d'un scénario de suicide. Le passage à l'acte suicidaire est l'un des risques majeurs de la dépression.

« **N'oubliez pas que si vous reconnaissez des signes de dépression chez vous ou chez un proche, un diagnostic médical reste impérativement nécessaire.** »

LES CAUSES :

Si on a longtemps cru que les jeunes étaient imperméables au traumatisme, nous savons aujourd'hui que c'est l'inverse qui se produit. Parce qu'elle est malléable et inachevée, leur personnalité est plus aisément perturbée et risque de subir davantage d'altérations que celle de leurs aînés. Les traumatismes subis dans l'enfance peuvent avoir de profondes répercussions, tant sur le développement que sur la santé somatique, mentale ou le bienêtre psychosocial.

La neuropsychologie et la neurophysiologie ont récemment permis de faire progresser les connaissances sur la faculté humaine de mémorisation, notamment grâce à l'imagerie fonctionnelle.

Les jeunes enfants, mais aussi déjà les nouveau-nés, subissent des traumatismes endogènes et exogènes et gardent en mémoire ces états de stress, ce qui peut entraver leur développement ultérieur, voire leur être fatal. Les réactions émotionnelles des parents, calme ou l'angoisse se transmettent à leur enfant même du nouveau-né. Il vit ce que vit l'adulte tutélaire. Le trauma parental peut être en partie le vecteur du trauma de l'enfant. Depuis 1997, grâce à des études empiriques sur les processus de mémorisation depuis la naissance, Susan W. Croates, psychanalyste et chercheuse spécialisée en attachement, montre comment des événements extrêmement traumatisants peuvent nuire à l'évolution psychique de nouveau-nés et de jeunes enfants avant même le développement de fonctions de mémoire conscientes. Dans son article de synthèse (2018), elle analyse ses propres résultats et ceux d'autres chercheurs sur les traumatismes de douleur et de séparation sous trois angles : le rôle de la réalité et de l'imagination, l'âge au moment de la survenue du traumatisme ainsi que l'état d'attachement. Pour terminer, Susan Coates illustre les observations cliniques et les recommandations thérapeutiques pour les traumatismes survenus avant le développement du langage à l'aide de deux exemples célèbres de tiers et de deux autres de sa propre pratique. Trois filles ayant subi des traumatismes à 3 mois (opération du cerveau), à 10 mois (tentative d'assassinat) et à 12 mois (attentat à la bombe) avaient des souvenirs somatiques et sensoriels des traumatismes extrêmes qui avaient mis leur vie en danger. Elles revivaient intérieurement ces événements réactivés dans certaines situations de leur petite enfance. Elle décrit dans le détail le troisième exemple, celui de Betsy. A 10 mois, cette fillette a survécu de justesse à une attaque au couteau d'un patient de psychiatrie mentalement dérangé. Dans le quatrième exemple, elle expose clairement l'effet à long terme, avec flash-back sensoriels sans faculté de se souvenir jusqu'à l'âge adulte, au bout de cinq ans de thérapie à la suite de traumatismes répétés d'étranglement d'un garçon de deux ans par sa mère psychiquement malade. Tous ces exemples permettent à Susan Coates de mettre en évidence les répercussions à vie des traumatismes vécus dans la petite enfance. Néanmoins, si ce n'est pas l'enfant mais la mère qui subit un grave traumatisme et plonge dans un état psychique de repli sur soi ou de surexcitation, « le développement de symptômes chez l'enfant est amplifié. (Schechter 2011).

5 Blessures Émotionnelles D'enfance qui Persistent à L'âge Adulte :

T - La *trahison*. « On ne se sent pas digne de ce qui a été promis... »
R - La peur du *rejet*. « Sentiment de ne pas être désiré... »
A - La peur de *l'abandon*. « La solitude est le pire ennemi pour celui qui a vécu un abandon... »
H - *L'humiliation*. « Cela détruit l'estime de soi... »
I - *L'injustice*. « Sentiments d'impuissance et d'inutilité... »

Une dépression peut apparaître d'une combinaison de causes, mais aussi par l'expérience intense d'une seule cause. Il existe un ensemble de facteurs qui sont impliqués dans l'apparition de la dépression. La biologie « avec notamment la génétique et l'épigénétique », la psychologie, l'environnement, le contexte, la situation de vie, l'histoire personnelle, le social, sont des facteurs qui jouent sur l'apparition et le développement de la dépression. Tous ces facteurs interagissent : des paramètres environnementaux pouvant parfois engendrer des troubles qui ont des conséquences biologiques.

La dépression n'est pas une maladie héréditaire, elle ne se transmet pas. Cependant il existe une prédisposition à développer ce trouble chez les personnes porteuses de variants génétiques, dont la plupart sont encore inconnus aujourd'hui. Cette composante génétique de prédisposition explique en partie les cas familiaux. On estime qu'une personne dont l'un des deux parents a souffert ou souffre d'un épisode dépressif majeur, présente 2 à 4 fois plus de risque d'être dépressive que la population générale. A cette prédisposition, s'associe souvent à la suite d'un événement bouleversant que l'on peut difficilement accepter. Il se peut que quelqu'un qui a assisté à la même chose que vous, ne fasse pas de dépression. Il s'agit donc de la valeur et de l'émotion que vous investissez dans la situation.

« Seules les personnes plus faibles souffrent de dépression ou peuvent faire une dépression ». C'est faux. Une dépression apparaît en conséquence de l'intensité et de l'émotion que nous attribuons à une situation. Chaque personne est différente et donne donc une signification différente à une situation, quelles que soient sa façon de faire face et ses expériences passées. Même les gens qui ont un caractère en acier trempé peuvent donc faire une dépression parce qu'une situation donnée qui avait pour eux beaucoup d'importance prend un tournant extrêmement négatif. Après cet événement, une dépression n'apparaît pas encore nécessairement. Entre les deux, il y a la façon de faire face. La façon de faire face désigne la façon dont vous abordez certaines choses pour les dépasser. Une façon de faire face a pour objectif d'intégrer les situations difficiles d'une manière qui vous fasse en sortir mieux. Parfois, une situation peut être si écrasante ou constituer une telle opposition que vous ne savez pas quelle est la bonne façon de faire face. De ce fait, vous créez de mauvaises habitudes qui vont épuiser votre corps et votre esprit. Si cela continue pendant une longue période ou avec davantage d'intensité, une dépression peut apparaître. Votre corps et votre esprit passent en suractivité et la résistance morale et physique diminue. La dépression se caractérise souvent par des épisodes dépressifs majeurs multiples, espacés dans le temps. Le risque de rechute après un 1er épisode dépressif majeur est estimé à 60%, et atteint 90% après le 3e épisode.

Des exemples d'événements bouleversants :

- Un divorce
- La perte de son travail
- La découverte d'une maladie
- Un déménagement
- Traverser une période de transition…

Outre les causes psychiques de la dépression, une dépression peut aussi avoir des causes physiques. Par exemple le corps éprouve une carence de vitamine D, une carence d'acides gras riches en oméga 3, d'autres facteurs biologiques mettent en cause une dépression, déficit ou un déséquilibre dans les systèmes de neurotransmetteurs « substances chimiques permettant aux cellules nerveuses de communiquer entre elles » dans le cerveau. Qui se traduit par un déséquilibre au cœur du système cérébral. Le fonctionnement de certains neurotransmetteurs, « ces molécules qui véhiculent les informations d'un neurone à l'autre », se trouve déséquilibré. On a ainsi identifié, dans le cas de la dépression, un dysfonctionnement des *neurotransmetteurs* « (ou neuromédiateur) est une molécule chimique qui assure la transmission des messages d'un neurone à l'autre » suivants : la *sérotonine*, qui a pour fonction d'équilibrer le sommeil, l'appétit et l'humeur ; la *norépinephrine* (ou *noradrénaline*), qui gère l'attention et le sommeil ; la *dopamine*, responsable de la régulation de l'humeur ainsi que de la motivation ; le *Gaba* « Les neurones à GABA aideraient à maîtriser les « idées noires », le ressassement des pensées négatives... » Mais aussi certains neuromodulateurs, le plus souvent des peptides « Un peptide est un polymère d'acides aminés reliés entre eux par des liaisons peptidiques. », joueraient également un rôle. Lorsque tous ces neurotransmetteurs sont bien régulés, tout se passe bien. Mais il suffit d'un petit déséquilibre, des neurotransmetteurs présents en trop grande ou trop petite quantité, pour que la machine se dérègle : les symptômes de la dépression peu apparaissent. Les techniques d'imagerie cérébrale ont permis de mettre en évidence chez les patients sévèrement déprimés, une diminution de volume de *l'hippocampe* « région du cerveau impliqué dans la capacité que nous avons d'assimiler et de traiter les données qui nous parviennent de différentes manières, « perception, expérience, croyances... » pour les transformer en connaissances **et** les émotions... ». Cette diminution pourrait être liée à la mort neuronale provoquée par une augmentation de la sécrétion anormalement élevée de *cortisol* « l'hormone du stress » qui peut être à forte dose toxique pour les neurones. De plus l'augmentation anormale du *cortisol* peut entraîner une diminution de la fabrication du BDNF « Brain Derived Neurotrophic Factor (Facteur neurotrophique dérivé du cerveau) », un facteur de survie pour les cellules nerveuses. Sont à la base d'une dépression. On ne peut donc plus considérer séparément le corps et l'esprit. Souvent, les personnes souffrant de dépression sont également plus vulnérables aux maladies car leur système immunitaire s'affaiblit. C'est la psychologie qui a été la première à étudier comment le traitement de l'information avait des influences sur la conduite et quelles relations avaient les différents processus mentaux sur l'acquisition de nos connaissances. Aujourd'hui, les progrès en imagerie médicale nous permettent d'avoir une connaissance physiologique et neuroanatomique plus grande pour comprendre les processus mentaux et comment ces derniers influencent notre comportement et nos émotions. La pensée est fondamentale pour tout processus cognitif. Les troubles cognitifs sont définis comme des affections qui « perturbent la pensée, les sentiments, les émotions ou les conduites d'une personne de façon suffisamment importante pour causer une souffrance psychique ».

Il-y-a des causes *déclenchantes* et les causes *latentes*. Des causes donc *déclenchantes* et repérables tel un événement douloureux suivi par une dépression

; et des causes *latentes* et difficilement repérables telle la fragilité affective d'une personne prédisposée à la maladie dépressive. À vrai dire, ces deux catégories de causes, *déclenchantes* et *latentes*, sont indissociables puisqu'une dépression ne peut être déclenchée par un événement douloureux que chez une personne déjà vulnérable à la souffrance dépressive.

La douleur comme masque

Phénomène connu depuis longtemps, la souffrance morale s'exprime parfois par la souffrance du corps. Dans ce cas, la blessure psychique revêt le « masque » de la douleur. On parle alors de somatisation. Les vécus traumatiques anciens et les situations de maltraitance ou d'abandon pendant l'enfance constituent des facteurs de vulnérabilité dans le développement de douleurs chroniques rebelles. Les études indiquent que le syndrome de stress post-traumatique est plus fréquemment retrouvé chez les malades douloureux chroniques. La persistance de la douleur, semble coexister avec celle de l'émotion liée à l'accident ou l'agression. Enfin, des travaux récents montrent également un lien entre le sentiment d'injustice et l'intensité de la douleur.

Le burn-out

L'épuisement professionnel « OMS », également appelé burn-out, est un trouble psychique résultant d'un stress chronique dans le cadre du travail. Il se développe progressivement chez certaines personnes exposées à des conditions de travail frustrantes et démotivantes : face à la fatigue, au sentiment d'échec et aux difficultés de concentration, celles-ci tendent à travailler toujours davantage pour essayer de retrouver satisfaction et confiance en elles. Si les conditions de travail restent difficiles, un cercle vicieux s'installe jusqu'à l'épuisement.

Pourquoi burn-out et dépression sont-ils souvent confondus ? Parce que les symptômes sont très semblables. Dans les deux cas, en plus d'être triste et amorphe, la personne se retire du monde. Tous ces aspects peuvent, dans une plus ou moins grande mesure, déclencher une dépression.

Il existe toutefois quelques différences subtiles qui permettent de faire la différence :
Une personne qui souffre de burn-out est disposée à travailler, mais elle n'en a pas l'énergie. Dans le cas d'une dépression, la personne a de l'énergie, mais elle n'a pas envie de travailler. Une personne qui souffre de burn-out est active le matin, mais apathique l'après-midi. La personne dépressive est plus active lorsque vient le soir.

La dépression liée au burnout est aujourd'hui la forme de dépression réactionnelle la plus fréquente. Selon l'ampleur, elle est codée dans la CIM-10 en tant que trouble d'adaptation dépressif ou épisode dépressif.

Le bore out :

Bore-out signifie littéralement « surplus d'ennui ». Le bore-out peut avoir des conséquences néfastes sur la santé mentale et physique. Avec son cortège de victimes, véritables gueules cassées de la guerre économique, le burn-out suscite l'empathie. Mais que savons-nous d'un autre mal du siècle, infiniment moins glorieux, l'épuisement par l'ennui ?

L'ennui au travail ou bore out, de l'anglais *to bore,* « ennuyer » peut causer tout autant de dégâts que son célèbre cousin anglo-saxon « mais déjà entré dans la langue française », le burn-out. A cette différence près, si le burn-out est reconnu dans notre société qui valorise la suractivité, le bore out reste, lui, tabou. Comment avouer que vous vous ennuyez au travail et que vous en souffrez quand le chômage explose et que votre entourage se plaint d'être submergé de boulot ?

Et pourtant, loin d'être anecdotique, le bore out toucherait 15% des salariés, selon Peter Werder et Philippe Rothlin, les premiers à s'être intéressés au phénomène il y a une dizaine d'années. Pas assez de travail, des tâches peu stimulantes, vides de sens, la routine qui engourdit le cerveau et inhibe l'énergie... Les causes sont multiples mais le résultat est identique, quand la frustration et l'insatisfaction liées à l'inoccupation s'accumulent, la fatigue, l'irritation et l'apathie apparaissent chez les individus atteints de ce syndrome d'épuisement professionnel. Un état qui peut mener à la dépression et qui augmente par trois le risque de développer des maladies cardio-vasculaires. Le système Français, actuel récompense en effet davantage la servilité que l'efficacité. Peu importe ce qu'on fait réellement et comment on le fait, pourvu qu'on ait l'air occupé et qu'on reste tard au bureau ! Les défaillances dans la gestion des carrières. Dans de nombreuses entreprises, les ressources humaines ne favorisent pas assez la mobilité interne et laissent de ce fait certains collaborateurs se scléroser dans la routine et l'ennui. Non pris en considération, il peut facilement entraîner dans son sillage l'apparition d'une dépression ou une rechute sévère dans la dépression.

Le trouble borderline :

Le trouble borderline est un trouble de la personnalité très fréquent. Sur 100 personnes, il est estimé que 6 souffriront de ce trouble en population générale, et jusqu'à 20 si l'on se place dans un service de psychiatrie. Ce trouble est associé à une souffrance existentielle considérable. En outre, ces personnes ont un risque accru de souffrir de dépression, d'anxiété, d'addiction, ou de troubles du comportement alimentaire à un moment de leur vie. Il s'agit du trouble le plus associé à la survenue d'idées de suicide et de comportements suicidaires, stratégies de dernier recours pour éviter la souffrance ressentie.

Mon pire Ennemi et Mon meilleur Ami :

Nous avons appris depuis longtemps que le remède le plus réactif et avec des effets immédiats, notre anti-anxiolytique notre antidouleurs notre anesthésique notre bouée est l'alcool alors on va boire. Là ! L'alcool n'est pas une drogue, une envie, un plaisir, un manque ou autre préjugés ou faux prétextes. Il est notre parachute pour ne pas s'écraser dans notre interminable chute.

Imaginez que votre main soit compressée dans un étau bien fermé la souffrance est insoutenable, que ne donneriez-vous pas pour avoir la possibilité de soulager, même un tout petit peu votre douleur ? Vous ne seriez pas prêt à prendre quoi que ce soit pour cela ? En sachant que votre souffrance a un objet, l'étau et que celui-ci ne va pas vous donner des envies de mourir mais de moins souffrir.

Entre ses mains l'espoir, entre ses dents la rage des moments terribles de solitude et de découragement. La tête à contre-sens il s'interroge, toutes ses réponses sans rien au tour. Ses neurones s'échauffent dans le vide de ses errances qui vont et viennent le relancer au détour d'une image, d'un regard, un mot, de rien… Tout est sujet à interrogations, tout est nature à l'interpeller, tout est motifs à l'émouvoir, sans pouvoir contrôler ses émotions, pensés et autre supplies. Ses sentiments le rongent de l'intérieur, l'épuisent de ne pas savoir les exprimer ni les offrir. Que de cadeaux en lui, le plombent le lestent, lui qui aimerait tant voler. Il pourrait les déposer sur un support blanc et de sa plume faire une distribution plus discrète et personnalisée. Une lettre "saint valentin", à celle qui a ajoutée, deux si, beaux pétales à son cœur d'artichaut ? Ses excédents, surplus, trop-pleins, de pudeur mêlée à sa sensibilité le figent dans un mutisme difficile et pénible à porter. Et pourtant, les mots sont en lui. Où est donc cette soupape qui peut lui redonner le plaisir de vivre à cœur et poumons déployés ? Toujours à la recherche du trou dans sa couche d'ozone, de la lumière, de l'étoile pour le guider dans ce tunnel si sombre de la dépression.

Pour certain la dépression leur tombe sur la tête un jour par hasard, d'autre plus progressivement mais pour la majorité, et tant mieux pour eux, ne dépassent pas le niveau que j'appellerai « -1 »

A partir de ce « -1 », du jour au lendemain elle est là, Ce jour-là il sera gravé à jamais dans ce cerveau qui va nous ronger de l'intérieur sans savoir pourquoi. Il va dilapider toutes nos émotions qui deviennent extra sensible, on pleure pour un oui ou pour un non, les nerfs à vifs, nos angoisses ou anxiétés sont si fortes que l'on sort de table pour se cacher être seul pour souffrir. Tous les démons qui étaient enfuit en vous ressortent en un instant, vous été mal dans votre être sans savoir pour quelle raison, mais se mal est terrible il est là en permanence il ne disparait que quand vous dormez, si vous dormez. Vos angoisses sont si intenses et si dévorantes que vous ne cherchez qu'à soulager vos souffrances, mais dans la plupart des cas le remède le plus efficace et le plus rapide est malheureusement une addiction. Pour moi l'alcool a été logiquement ma dépendance comme beaucoup de personnes, je ne dirai pas les dépressifs mais les « -1 ». Je vous explique ma réflexion, en trente années de « -1 » j'ai eu le temps d'aller du positif au négatif, du passé à l'avenir, tous analyser, du moins essayé car les angoisses du présent prennent toujours le dessus. Nos mauvaises traditions, mode de vie, automatismes, pour en venir à l'essentiel, l'apéro, le vin à table, le digestif… Et ce poison vous délivre de tous ces maux pour un moment, même s'il ne fait que diminuer les angoisses un degré d'intensité de moins, cela nous procure un t'el apaisement, un poids qui perd un petit gramme nous soulage d'une masse disproportionnée comparé à la délivrance que l'on vies durant ces instants de répits face l'emprise mental et physique de cet enfer. Mais la rechute est plus terrible le breuvage dissipé. Les angoisses reviennent au galop et malheureusement avec plus d'instanciées qui peux varier selon la dose que l'on a bue. Et on entame le cercle vicieux du serpent qui se mord la queue. Oui je n'ai pas trouvé de mot suffisamment fort pour faire comprendre, le ressentir le niveau de détresse que l'on vies toutes les secondes, minutes heures, jours, et les nuits terrifiantes quand nos pensées automatiques nous mènent inlassablement à nos émotions angoissantes, qui ne font qu'augmenter notre désarroi, qui se transforme en cauchemar éveillé, une t'elle souffrances mental est inimaginable. Qui pour plusieurs, après maints essais, de médecine, des traitements, Psychiatres, psychologues, de trouver un palliatif à cette vermine qu'est l'ALCOOL vous respiré sans souffrances intenses le temps des effets de ce « médicament » miracle. Et la débute le décalage entre vous et la vie sociale qui vous entour. Votre entourage ne voit que l'alcool, vous, vous ne vivez qu'avec vos frayeurs, peurs, crainte, découragement… Vouloir avoir un cancer, amnésie, tomber dans le coma… Avoir toutes les maladies du monde mais pas ce que j'appelle la dépression du démon. Car ceux qui vivent ce cauchemar jours après jours des mois, des années, décennies. Incompris vous perdez le gout de tous. Pour ma part, les raisons comprises en ce qui concerne l'alcool ? Mais pour d'autre la question reste une énigme.

Est-il possible de changer ?

Un homme de 60 ans a t'il le pouvoir de changer de comportement, de manière d'être, de parler plus, d'être plus ouvert sur les autres sans avoir recourt à un moyen de substitution comme par exemple l'alcool ? Mais la véritable question est d'où est venu ce choix pour ce poison. En général c'est une automédication. Quel est le mal ou les maux qui ont déclenchés cette automédication ? Pour ma part elle est arrivée par une perte de libido à un très mauvais moment. En pleine période de procréation médicalement assisté et à un très intolérable passage dans ma vie professionnel. Suite à cette période instable et de doutes j'ai un soir eus une panne sexuelle qui a déclenché une forte dépression, une perte totale de libido et une très grande période de doute. Suite à mes problèmes professionnels et à tous les examens et à la perte de toutes libidos il fallait tout de même poursuivre tous les examens et tests pour avoir un enfant. Il fallait être en pleine forme à tout instant pour répondre au besoin des tests et au rapport sexuel mais sans envie cela était très difficile pour moi d'être au top niveau pour les accomplir. Mais avec une libido en berne et de très fortes angoisses il est très difficile de donner le maximum pour pouvoir devenir père. Et de donner le meilleur de soi dans un travail qui le démoralise de plus en plus.

Et là par un pur hasard arrive l'alcool, il vous détend, vous retrouvé votre libido, vos angoisses se volatilisent, vous été bien dans votre tète, vous pouvez refaire l'amour à votre femme, votre mal être n'est plus… Mais malheureusement les effets de la boisson ne sont qu'éphémère. Donc tous vos maux, reviennent à grand pas. Au travail le moral est dans les chaussettes et le soir venu vous rentrez chez vous avec l'angoisse de ne pas savoir qu'el test, ou s'il faut avoir un rapport avec sa femme. Et tous ses doutes vous angoissent et pour vous détendre et reprendre confiance en vous, vous avez compris et pris le moyen le plus sûr et le plus rapide pour faire face à tous votre mal être « l'alcool ».

Mais la boisson renforce votre dépression elle devient plus pesante, plus présente… De fil en aiguille elle vous mine la vie. Vous ne trouvez pas d'issus à votre mal être, votre douleur physique et mental. Tous vous semble vouez à l'échec.

LES TRAITEMENTS

Equilibrer la chimie du cerveau pour affronter la dépression.

- Sortir marcher une demi-heure par jour de préférence dans la nature ; est une façon idéale d'équilibrer la chimie du cerveau et de favoriser la production de sérotonine pour se sentir beaucoup mieux et éviter la dépression.
- La pratique de la méditation ou d'un sport modéré permet d'équilibrer la chimie du cerveau.

- Pratiquez une nouvelle activité : des cours de peinture, des cours de danse, du yoga… Écoutez de la musique : les émotions positives générées par la musique favorisent le bon équilibre de la chimie du cerveau.
- Sortez de chez vous, et rencontrez de nouvelles personnes.
- Dormir bien c'est essentiel pour la santé, et c'est une façon d'équilibrer la chimie du cerveau pour que les neurotransmetteurs se régulent et favorisent un état émotionnel plus fort, plus positif, plus résistant.

Si vous désirez sortir de ce tunnel, vous avez besoin d'avoir recours à plus de stratégies psychologiques et personnelles, ainsi qu'adopter des habitudes de vie appropriées.

- Améliorez votre alimentation en mangeant plus d'aliments pour augmenter le taux de dopamine… « La viande, les produits laitiers, les fruits secs tels que les amandes et les noix, les graines (sésame, tournesol, courge), les bananes, la betterave, le chocolat, le thé vert, le jus de myrtilles…)

Prise en charge

Les traitements de la dépression de l'adulte sont la psychothérapie et la prescription de médicaments antidépresseurs... Le traitement varie selon la sévérité des symptômes et les origines des symptômes dépressifs. Les antidépresseurs sont nécessaires dans le traitement des dépressions caractérisées, d'intensité modérée ou sévère. Ils le sont moins dans les formes mineures, qui relèvent plutôt de la psychothérapie. L'hospitalisation est généralement réservée aux cas où le risque de suicide est réel, aux formes très sévères avec symptômes physiques importants, ou lorsque le patient est très isolé… L'efficacité des antidépresseurs est scientifiquement et cliniquement prouvée pour certaines catégories de dépression. La dépression est une maladie et dans la majorité des cas, il est très difficile de s'en sortir seul. « Lorsque nous sommes atteints d'une autre maladie quelconque, nous n'hésitons pas à nous faire soigner. »

Parfois, le traitement prescrit reste sans effet. Le médecin peut alors essayer une nouvelle substance, plus adaptée au patient. Il existe cependant des dépressions dites « résistantes », contre lesquelles les traitements médicamenteux sont peu, ou pas efficaces. La résistance au traitement pharmacologique, qu'elle soit complète ou partielle, est un problème fréquent lorsqu'on traite une dépression. Il y a plusieurs possibilités pour répondre à cette résistance : changer d'antidépresseurs, en particulier pour un antidépresseur avec un mécanisme d'action différent ou associer un second médicament. Il est relativement bien établi qu'un début d'effet peut s'observer dès la fin de la première semaine de traitement. Il faut considérer que si après trois semaines de traitement « ou à la rigueur quatre semaines » un patient n'a aucune amélioration, il est inutile de poursuivre le traitement sans le modifier. Si par contre une réponse partielle a été obtenue, il est logique de poursuivre le même traitement tant que le patient continue à progresser. Les antidépresseurs de la famille des inhibiteurs de la recapture de la sérotonine et de la noradrénaline. Ils sont utilisés dans le traitement : des états dépressifs et pour prévenir les récidives dépressives chez les personnes ayant déjà présenté plusieurs épisodes de dépression, de certaines manifestations de l'anxiété « anxiété généralisée, phobie sociale, attaques de panique… »

Les traitements à base d'antidépresseurs souvent accompagnés, avec des anxiolytiques, visent à réduire le stress, l'anxiété, les peurs, qui peuvent survenir de manière isolée ou être associés à une dépression. Très prescrites, ces molécules restent toutefois des médicaments, avec des effets indésirables à ne pas prendre à la légère. Dans la famille des anxiolytiques, les **benzodiazépines** sont les médicaments les plus prescrits, pour leur efficacité et leur rapidité d'action. Comme l'explique le « Dr Jerôme Lerondé », médecin psychiatre au Centre psychothérapique de Nancy (CPN de Laxou) : « Ces traitements, loin d'être anodins, doivent être accompagnés de précautions d'usage claires, à destination des patients. » En effet, leurs effets bénéfiques peuvent s'accompagnent d'effets secondaires indésirables, parfois très handicapants.

Les benzodiazépines ont été mises sur le marché dans les années ‘60. Elles sont devenues le traitement principal de d’insomnie et des troubles anxieux en raison de leurs propriétés sédatives, hypnotiques, anxiolytiques, Il est vite apparu que leur efficacité était limitée dans le temps et qu’elles entraînaient une dépendance. Depuis les années ’90 il est recommandé de prescrire les benzodiazépines à dose modérée pour une durée limitée. Mais elles figurent toujours parmi les médicaments les plus souvent prescrits à l’échelle mondiale.

Soigner la dépression sans médicament... ou presque :

IL-y-a acculement une grande tendance pour les plantes, Antistress, sédatives et apaisantes, les plantes peuvent rendre de grands services contre l’anxiété et les troubles du sommeil, et remplacer les tranquillisants et les somnifères. Soigner sa tête sans médicament, c’est sérieux, et même proposé par un psychiatre spécialiste du sommeil, le Dr Patrick Lemoine, qui y a consacré un livre (*Soigner sa tête sans médicament... ou presque* ». En cas de stress, de déprime et de troubles du sommeil associés, les plantes sont utiles en première intention. Elles ne doivent pas faire arrêter brutalement un traitement en cours, mais elles permettent de réduire la (sur)consommation de somnifères, qui crée un problème de polymédication. « La polymédication, définie par l'Organisation mondiale de la santé comme l'administration de nombreux médicaments de façon simultanée ou par l'administration d'un nombre excessif de médicaments ». Certaines molécules, en plus, déstructurent l’architecture du sommeil et provoquent des accoutumances.

Dans le cas d'épisodes dépressifs, certaines méthodes naturelles donnent de bons résultats. C'est prouvé : la luminothérapie a une efficacité comparable aux antidépresseurs dans la prise en charge d'un épisode dépressif modéré à sévère.

Adopter un régime de type *méditerranéen* diminue le risque de dépression de 33 %. Cette alimentation fait la part belle aux acides gras mono et polyinsaturés, particulièrement les oméga-3 que l'on sait indispensables au bon fonctionnement du système nerveux. De récents travaux vont encore plus loin, soulignant l'intérêt d'une supplémentation en oméga-3 pour soigner la dépression. « Il est montré que la seule prise de tels compléments alimentaires améliore la dépression chez la femme. Les oméga-3 figurent ainsi désormais dans les recommandations canadiennes du traitement de la dépression avec un bon niveau de preuve »

Une expertise collective de l'Inserm publiée en 2019, un programme d'activité physique adapté a le même bénéfice que la prise de médicaments antidépresseurs. En outre, la pratique d'une activité physique régulière contribuerait à prévenir les récidives d'épisodes dépressifs.

En parallèle, d'autres enjeux doivent être considérés « observance thérapeutique, comorbidités, facteurs de stress psychosociaux persistants, troubles somatiques associé... » Et le traitement devrait toujours inclure une psychothérapie.

Les psychothérapies :

Une fois que vous allez va mieux ou pas, suite au traitement médicamenteux, on peut garder des résidus cognitifs de sa dépression. On a appris à « penser négatif ». Les psychothérapies, agissent un peu comme une kinésithérapie psychique. Il existe de nombreuses thérapies la liste est très longue.

Je ne citerai que les thérapies que j'ai moi-même est suivis. Mais je ne donnerai aucun avis sur aucune d'elles, pour ne pas vous influencer.

Thérapies d'inspiration analytique

Elles comprennent la « cure-type » et les psychothérapies d'inspiration psychanalytique. Le principe de base repose sur les découvertes de S. Freud, la reviviscence et la compréhension de conflits psychiques infantiles non résolus, réactivés lors de l'accès dépressif, à l'occasion d'un évènement traumatique « une expérience de perte ». L'accès à ces expériences traumatiques infantiles, à l'aide des libres associations d'idées durant la séance, permet d'en diminuer l'influence sur les schémas de pensée et de comportement. « Mon avis et mon expérience personnel, thérapie des années 20, complètement obsolète ».

Thérapies interpersonnelles.

Les thérapies interpersonnelles partent du postulat de base suivant : le dysfonctionnement des liens interpersonnels « insatisfaction relationnelle, ressentiment, conflits, frustration, isolement … » est fondamentalement impliqué dans le déclenchement ou le maintien des troubles dépressifs. Le réseau social constitue un support protecteur contre une réponse dépressive ; un sujet isolé et peu capable d'interactions avec son entourage familial ou amical apparaît donc comme un individu à haut risque de dépression.

La Thérapie de groupe.

Ces groupes sont destinés à aider les personnes dépressives :

Encourager leurs moyens de mobilisation au changement,

- Apprendre à mieux connaître la maladie,
- Accepter la dépression et son traitement,
- Se sentir compris et soutenu par les autres,
- Se sentir moins seul par le partage d'expériences communes.

Thérapies TCC.

En matière de psychothérapies, ce sont les thérapies cognitives et comportementales « TCC » qui ont le plus haut niveau de preuves. Elles sont d'ailleurs recommandées par la Haute autorité de santé comme traitement de première intention dans les symptômes d'intensité légère ou modérée.

Cette technique est pratiquée par des médecins « généralistes, psychiatres » ou des psychologues spécialisés, en cabinet libéral, en établissement ou en centres médico-psychologiques « CMP ». Elle peut faire appel à des techniques de respiration et de relaxation, des techniques comportementales « exposition graduelle aux situations redoutées pour atténuer la peur et les angoisses », ou à des techniques cognitives visant à modifier les fausses croyances que la personne a pu développer sur elle-même et le monde extérieur. Le nombre de séances varie en fonction de l'intensité des symptômes et du ressenti des patients. Effectuées avec un ***psychiatre***, toutes les séances en psychothérapies sont partiellement prises en charge par la Sécurité sociale. Si non les psychothérapies ne sont pas remboursées », Il est donc souvent plus facile pour le médecin traitant, principal interlocuteur des patients dépressifs, de prescrire un antidépresseur qu'une psychothérapie, aussi efficace soit-elle.

Thérapies MBSR.

En l'absence de traitement préventif, le risque de rechute est accru dans les deux années qui suivent une dépression et chez les personnes ayant plusieurs épisodes dépressifs à leur actif. Des chercheurs de l'université d'Oxford ont mené en avril 2015 une étude auprès de plus de 400 patients ayant souffert d'au moins trois épisodes dépressifs. Les uns ont reçu un traitement par antidépresseurs, les autres, des séances de méditation pleine conscience, « MBSR ». Après deux années de suivi, les taux de rechute dans les deux groupes étaient quasi-similaires « 44 % et 47 % ». Les scientifiques ont donc conclu que la méditation de pleine conscience « MBSR » était tout aussi efficace que les traitements médicamenteux pour prévenir les rechutes. Elle permet en effet de se concentrer sur l'instant présent et de prendre du recul par rapport à ses émotions et ses pensées. Pour être efficace, elle doit néanmoins être pratiquée régulièrement, à raison, par exemple, d'une trentaine de minutes fractionnées chaque jour.

Thérapies EFT

La technique EFT « Emotional Freedom Technique » a été créée en 1991 par le coach américain Gary Craig, d'après les travaux du psychologue américain Roger Callahan. Elle est basée sur la découverte que des déséquilibres dans le système énergétique corporel ont de profonds effets sur la psychologie et le physique d'une personne. La correction de ces déséquilibres, en tapotant sur l'extrémité de certains points du corps et du visage, correspondants à des points d'acuponcture, porte souvent remède, surtout si la personne peut relier le problème à des événements de sa vie. L'EFT s'adresse à toute personne désirant améliorer son potentiel en se libérant de ses émotions négatives à l'aide d'une technique douce, rapide, efficace et durable.

L'EFT peut aider à résoudre : Peurs, Crises de panique, Dépression, Phobies diverses, Traumatismes, Stress, Anxiété, Boulimie, Mauvaise estime de soi, Peur du rejet, Tristesse, Colère, Croyances négatives, Insécurité, Culpabilité, Insomnie, Peur de l'Abandon, Migraines, Deuil, Problèmes de poids, Dépendances, Peur de parler en public…

Lorsque nous vivons des choses négatives, qui nous affectent, nous avons tendance à les garder en nous et à les ruminer ce qui entretient un état interne de mal être. Avec cette technique vous allez vous libérer de vos émotions négatives, les accueillir, de ce fait les accepter pour ainsi mieux les gérer.
La force de cette technique est de permettre de prendre en compte le corps et l'esprit et ainsi les relier dans un équilibre libérateur d'énergie et de mieux être.

Thérapies EMDR

Des études scientifiques ont démontré que l'EMDR est l'un des outils les plus efficaces pour traiter les états de stress post-traumatiques. Et, l'EMDR semble être une méthode psychothérapeutique efficace pour d'autres troubles qui sont basés en partie sur des souvenirs stressants, comme la dépression chronique.

L'EMDR est une approche intégrative qui a été développée par Francine Shapiro (1995) pour traiter les victimes de trauma. Le modèle théorique derrière l'EMDR est celui du traitement adaptatif de l'information. Ce modèle relate que les pathologies mentales sont causées par de l'information incorrectement stockée en mémoire lors d'expériences traumatiques, bloquée dans le système nerveux avec toutes les images, bruits, pensées et sentiments négatifs qui accompagnent l'événement. Ce qui suggère que l'EMDR résout ces pathologies en aidant le patient, via des stimulations bilatérales alternées, à intégrer ses expériences difficiles. De récentes recherches ayant démontrées que les traumas et autres évènements négatifs de la vie sont à la base de la dépression, l'objectif de cette étude était de déterminer l'efficacité de l'EMDR sur cette pathologie. Elle montre un effet significatif de l'EMDR « en moyenne 4.6 séances + traitement habituel » dans le traitement des épisodes dépressif et la dépression chronique. Après la séance, le « retraitement » de l'information émotionnelle liée aux souvenirs évoqués peut continuer de se faire par lui-même. Des rêves, d'autres souvenirs, d'autres émotions inhabituelles peuvent se manifester. C'est généralement un signe qu'un travail en profondeur est en train de s'opérer.

Toutes, Thérapies doivent être réalisées par des professionnels compétents, expérimentés et bien formés, peuvent être efficaces. Nous devons assumer un rôle actif ; à notre tour, il est nécessaire de savoir quelle approche chaque thérapie psychologique utilise pour sentir si au moins ce cadre thérapeutique peut être ajusté à nos caractéristiques et besoins.

Dans certaines situations, les antidépresseurs peuvent demeurer incontournables :

- Les dépressions sévères avec des idées suicidaires ;
- Celles induisant un important retentissement sur la vie sociale, famille ou professionnelle et pour laquelle une réponse rapide doit être apportée ;
- Celles pour lesquelles il existe une vulnérabilité génétique, si un parent au premier degré a déjà connu des épisodes dépressifs majeurs.

Mes constatations et mes ressentis en rédigeant ce document :

Je ne suis pas parvenu à localiser à quelle période j'ai débuté mon mode de gestion de mes émotions et de mes pensées. Je constate que je me suis interdit, de me faire du mal avec elles. Je me suis interdit d'aimer, l'empathie et autres, à croire que je ne s'ais pas ce qu'est aimer, haïr, détester, l'intolérance, le mépris, le remord, la culpabilité, les regrets… et j'ai beaucoup de mal à faire rentrer les gens dans mon monde… Quel drôle de cerveau !

Ce n'est pas un cœur ni une pierre que j'ai mais un rocher, je cherche la dynamite !

On parle souvent de l'écrivain devant sa page blanche. Mais rarement du dépressif devant sa bouille de vin ou son verre de bière ou autre… Sa solitude face à son mal être, ses douleurs, ses angoisses, ses doutes, cette incompréhension sur ce qui le ronge de l'intérieur, ses haut et ses bas, un jour avec un jour sans, les mots qui n'arrivent pas à mètres à ses maux. Quelles solutions ? De psychiatres, psychologues, camisoles chimiques, d'hôpitaux, en cliniques… Toutes ces méthodes ont un effet sur du moyen ou court terme. Mais les troubles sont toujours derrière la porte de notre mémoire, consciente ou inconsciente. Et on vit avec cette peur qui à chaque instant peut resurgir pour hanter nos jours et nos nuits. L'alcool vous rend euphorique et pour un moment vous détend, vous désangoisse, vous vous sentez bien. Mais les faits de l'alcool une fois dissipée vous replongent dans votre dépression avec des effets encore plus forts et de plus en plus dramatique. Quelle est le remède miracle pour se sortir de cet enfer. Trouver l'origine de nos maux ? Mai ou sont nés les symptômes ? On recherche dans notre enfance, notre vécu, notre vie en générale mais rien n'y fait on ne trouve qu'un grand vide. Le mal être est en nous. Qu'el sont ces démons, ces angoisses, ces anxiétés et autre, qui nous attire par nos maux ver ce poison qu'est l'alcool. Pour ma part je ne bois pas pour boire mais pour faire face à mes souffrances intérieures. Le jour ou mes angoisses disparaitrons ou elles seront moins intenses et donc supportables la boisson ne sera plus un palliatif pour mon bien être. Mais pour le moment il me faut un moyen pour contrer et luter pour que l'alcool ne soit pas l'unique moyen pour maitriser mes moments de grand mal être. Et sur tout, trouver les causes ou l'origine de mon mal de vivre.

D'AUTRES APPLICATION ET RECHERCHES :

De l'espoir pour traiter la dépression : en s'intéressant à une famille méconnue de protéines présentes dans le cerveau, les chercheurs de l'unité Inserm Neuroscience Paris Seine ont développé un candidat-médicament qui pourrait révolutionner le traitement des 300 millions de personnes touchées dans le monde. De l'espoir pour traiter la dépression : en s'intéressant à une famille méconnue de protéines présentes dans le cerveau, les chercheurs de l'unité Inserm Neuroscience Paris Seine ont développé un candidat-médicament qui pourrait révolutionner le traitement des 300 millions de personnes touchées dans le monde. Découvrir de nouveaux médicaments est un processus long et complexe qui nécessite des approches combinées et souvent multidisciplinaires. C'est tout l'intérêt et la pertinence de la démarche adoptée par Sophie Gautron et son équipe du laboratoire Neuroscience Paris Seine, spécialisée en neurobiologie des maladies psychiatriques, qui ont uni leurs compétences à celles d'une équipe de chimie pharmaceutique à l'université Paris Descartes. Cette collaboration fructueuse vient d'aboutir au développement d'un potentiel candidat-médicament pour traiter de manière plus efficace la dépression. *Attendons* !

Antidépresseurs efficaces, thérapies innovantes, **stimulation cérébrale**... 70 % des cas sont aujourd'hui guéris.
Enfin, pour traiter les cas les plus **résistants**, la stimulation cérébrale profonde qui consiste à implanter deux électrodes dans le cerveau est en phase d'expérimentation. En France, seule une dizaine de patients ont été traités par cette technique. Elle permettrait la réduction de 60 % des symptômes. *Attendons* !

Stimulation magnétique transcrânienne (STM)
Cette technique, réservée aux formes **sévères**, utilise une bobine magnétique qui, en agissant sur certaines zones cérébrales comme le cortex, stimulerait la libération de neuromédiateurs. Les cures, soit une dizaine de séances trois fois par semaine, se pratiquent le plus souvent à l'hôpital ou en cabinet privé. C'est une alternative aux électrochocs.

Les psychobiotiques

Ces bactéries du microbiote intestinal qui auraient un effet antidépresseur

Restaurer le microbiote de souris dépressives améliore leurs symptômes, montre une nouvelle étude. Certains probiotiques pourraient ainsi potentiellement agir comme antidépresseurs - sous réserve d'une efficacité suffisante, encore à démontrer. Les « psychobiotiques », c'est-à-dire des bactéries capables de soigner certaines dépressions, seront peut-être un traitement prisé par les psychiatres dans un futur par si lointain.

Psychogénéalogie

Victimes de conflits, d'agressions ou de catastrophes naturelles, nos ancêtres nous transmettent leurs traumatismes. Enquête sur ces processus étonnants, entre épigénétique et neurosciences. De votre grand-mère, vous n'avez sans doute pas hérité que les yeux verts et le mauvais caractère. Il se pourrait que votre phobie de la foule soit directement liée aux heures sombres de l'exode vécues par votre aïeule pendant la Seconde Guerre mondiale. Dépressions inexpliquées, comportement "borderline" et autres troubles du comportement que l'on retrouve sur toute une lignée ont longtemps été une énigme pour les psychologues. Et si les traumatismes vécus se transmettaient de génération en génération ? C'est l'intuition de la psychogénéalogie, qui tente de trouver dans l'histoire familiale la clé des mal-être présents. C'est aujourd'hui un champ d'études scientifiques, entre neurosciences et génétique. Pour la psychotraumatologue Hélène Dellucci, la charge émotionnelle des secrets de famille se transmet via les neurones miroirs, les neurones de l'empathie. Les généticiens Isabelle Mansuy et Moshe Szyf ont, eux, travaillé sur les modifications du génome causées par les vécus traumatiques. Leurs conclusions sont en train de révolutionner notre conception de l'être humain : oui, nous héritons bel et bien des traumatismes de nos ancêtres. Mais nous avons aussi les moyens de briser la malédiction.

Anne Ancelin-Schutzenberger, mère de la « psychogénéalogie », cette discipline qui propose d'étudier cette question, en était convaincue. Elle s'est éteinte à l'âge de 98 ans, elle s'est consacrée à l'étude des liens entre les générations, et en a tiré des leçons multiples pour l'amélioration de notre vie. « Je suis fière d'avoir inventé un outil qui permette de se raconter - et de transmettre à ses enfants, sa propre histoire en la comprenant, confiait-elle à Nice-Matin en 2008. » Ainsi faisant, nous pouvons nous libérer des emprises familiales qui nous empêchent de vivre selon notre désir. Et si nous avons des enfants, leur donner le meilleur de notre histoire familiale et de nous-mêmes, poursuivait-elle. Prudente, elle appelait également à ne pas faire d'interprétation excessive de ses hypothèses. « *On met la psychogénéalogie à toutes les sauces*, et on-a tort. » Il faut commencer par choisir un bon médecin et, après seulement, on peut se poser la question : est-ce que ce mal dont je souffre n'est pas transgénérationnel ?

L'utilisation des nouvelles technologies fait partie des nouvelles stratégies requises pour atténuer les conséquences négatives de la dépression sur le fonctionnement cognitif. Dans le présent article, le Dr. Ouriel Grynszpan présente deux formes de prise en charge thérapeutique utilisant des technologies informatisées : les thérapies en réalité virtuelle et la remédiation cognitive. Si la réalité virtuelle reste une promesse pour le traitement de la dépression, la remédiation cognitive assistée par l'ordinateur montre des résultats plus qu'encourageants.

Loin d'une certaine image de « charlatanisme new age », le *neurofeedback* connait ses dernières années un renouveau, grâce notamment aux avancées technologiques « comme l'imagerie par résonance magnétique fonctionnelle IRM. »
A la frontière entre les neurosciences, la psychophysiologie et le mode des interfaces cerveaux-machine, la technique consistant à renvoyer à un individu des informations sur son activité cérébrale en temps réel, lui permettant ainsi d'apprendre à mieux en contrôler certains aspects, est désormais aussi en phase avec les nouvelles aspirations en termes d'empowerment « autonomisation ».

Le nerf vague :

De plus en plus étudié par les scientifiques, le nerf vague pourrait être une clé santé essentielle. À l'intérieur de chacun de nous agit en silence un extraordinaire chef d'orchestre : **le nerf vague**. De son bon fonctionnement dépendent notre équilibre émotionnel, notre rythme cardiaque, notre digestion, notre immunité et bien d'autres fonctions qui conditionnent notre santé. Qui le sait ?

Les étonnants pouvoirs du nerf vague. Vous serez surpris de découvrir qu'une myriade de maux courants, troubles digestifs mais aussi anxiété, dépression, migraines, maladies auto-immunes traduisent souvent un mauvais fonctionnement de ce nerf essentiel, et que le soulagement passe par son activation.

Des découvertes scientifiques récentes plus de 500 publications en 2019.

Le nerf vague contrôle ainsi de nombreuses informations partagées entre le corps et le cerveau. Comment stimuler mon "nerf vague" pour réduire mon stress ?

Le nerf vague est la voie nerveuse la plus longue de notre corps. Il régule la fatigue et permet de mieux répondre au stress. Des exercices tout simples permettraient de le stimuler et nous aideraient ainsi à réduire notre anxiété. Par ailleurs, des études prouvent depuis longtemps que la **réflexologie** a une action concrète sur le système parasympathique « est une composante du système nerveux autonome, responsable des fonctions automatiques de l'organisme. » et la sécrétion des neuromédiateurs du bien-être : sérotonine, GABA et bien entendu acétylcholine…

Dépression et angoisses :

Chez Sartre, il y a conjugaison de ces deux définitions. L'angoisse est à la fois angoisse devant la liberté et devant le néant de la mort. L'angoisse n'est pas la peur. On a peur de ce qui nous est extérieur : le monde et les autres. **Mais, on s'angoisse devant soi-même**.

Moi Roman Comment peut-on avoir peur de la mort s'il nous manque l'expérience sur celle-ci. Nos peurs sont les résultats de notre vécu avec des souffrances physiques ou psychologiques. L'homme a peur d'avoir mal. Depuis l'existence des êtres-vivants la mort est signe de terribles souffrances. Je ne citerai qu'un exemple : si une personne se jeté dans le vide du trente cinquièmes étages lors d'un incendie elle fuit ce que ses expériences lui ont données à savoir que les flammes vont la dévorer avec les plus atroces des douleurs. Elle choisit la mort dont elle ignore la finalité, il ne doit pas être très anodin de prendre cette option. Ne dit-on pas « il (elle) a eu une belle mort » en disant cela on pence il n'a pas souffert !

« Il n'y a que le sommeil qui permette d'échapper à l'angoisse. »

L'angoisse se distingue de la peur, qui est toujours la peur d'un "objet"

Pour l'angoisse l'objet est inexistant ce n'est rien, l'inconnu, le n'néant, le vide…

Il existe des personnes qui ressentent une angoisse permanente ; d'autres n'en éprouvent que quand elles sont face à de grands dangers.

Contrairement à l'anxiété, **l'angoisse** est un malaise qui surgit de façon inattendue à l'occasion d'une pensée, d'un endroit, d'une personne voire d'une odeur. Aussi, elle peut être de courte durée ou s'étendre sur un long moment.

L'angoisse, perturbe de façon exponentielle sur la vie de tous les jours.

L'angoisse est inexplicable. C'est cette absence de raison qui est terrifiante : j'ai peur, mais je ne sais pas de quoi ni pourquoi.
L'angoisse permanente est lourd handicap dans la vie de la personne qui en est constante questionnement du pourquoi.
Une crise aiguë d'angoisse ou chronique voir permanente sont dans la majorité des cas les révélateurs de quelque chose qui ne va pas dans la vie à croire que l'angoisse est une alarme. Une sirène qui annonce un danger mais on ignore le quel.
« Je suis angoissé », « Il a l'air anxieux » : dans le langage courant, on emploie indifféremment le premier terme ou le second. Or, ils recouvrent des réalités très différentes. Problème ponctuel mais très intense d'un côté, plus diffus mais constant de l'autre, la souffrance n'est pas la même.

Je suis au pied de cette grotte que je vais explorer en ce matin brumeux, il fait froid et humide dans cette forêt. Le trou très noir et fumant en cet hiver spécialement glacial. Je débute par nouer ma corde à un arbre à proximité du gouffre béant qui n'attend que moi pour m'offrir ses entrailles à visiter. Je fixe une plaquette sur le premier spit planté dans la paroi calcaire de cette cavité et fixé une plaquette portant un œilleton pour y accrocher le mousqueton qui assurera ma descente avec ma corde de spéléologie de 8mm de diamètre, réservées aux très bons techniciens. Ce spit avec la vis, la plaquette, le mousqueton et la corde sont les seuls éléments avec mon descendeur « dispositif de freinage pour la descente en rappel avec la corde ». Ma vie ne tiendra qu'à ce seul dispositif et à la résistance et la fiabilité des nœuds que j'ai moi-même confectionnés et qui relient à l'ensemble de cet agencement global. Ma longe reliée à mon baudrier et avec en bout un mousqueton accroché au dispositif de la paroi installé précédemment. Je suis suspendu à cinquante mètres au-dessus du vide encore éclairé par la lueur extérieure. J'allume ma lampe acétylène de mon casque et relie mon descendeur à la corde qui va me permettre d'atteindre le fond de cet aven. Je décroche mon assurance qui me retient encore au bloque de calcaire à un mètre plus haut, je dénoue la boucle de sécurité de mon descendeur et simultanément de ma main droite bien serrée, la partie de la corde qui pend dans le vide je me maintiens sur place. Alors pour descendre le long de la corde il me suffit d'alléger la pression de ma main pour glisser plus ou moins rapidement selon la diminution de la pression de ma main sur la corde dont ma vie est suspendue. Trente secondes plus basses je pose mes bottes sur le sol glaiseux et glissant d'une grande salle parsemée de nombreuses stalagmites et au plafond d'innombrables stalactites. Me voici dans l'antre de la terre dans le monde du silence, sans lumière et qui s'est formé il y a des milliers d'années, 100 ans pour 1cm pour former une stalagmite, ce n'a qu'une estimation car il-y-a trop de paramètres qui dépendent de la progression de la taille des concrétions qui composent l'architecture complexe des cavités souterraines il existe une stalagmite de 60 mètres qui est considérée comme la plus grande au monde. Sachez que la plus grande salle souterraine naturelle du monde, s'élève à 200 mètres de haut, soit l'équivalent d'un gratte-ciel de quarante étages. Vous pouvez imaginer l'âge du monde souterrain qui se trouve sous nos pieds. Cet univers est à la fois féerique, fascinant, étrange, hors de la compréhension humaine il est aussi merveilleux qu'effrayant et dangereux. J'ai eu l'occasion de voir des stalagmites et stalactites de plusieurs tonnes joncher le sol de grandes salles et des colonnes « stalagmite jointe à une stalactite de dizaines de mètres coupées en deux qui n'on put être provoqué que par un tremblement de terre... » Je suis passé par des étroitures « chatières ou failles ... » si étroites qu'il était parfois impossible de les passer sans hotter tout notre équipement pour les franchir et cela parfois durant des dizaines de mètres, en rampant et poussant mon matériel devant moi avant d'atteindre le bout de ce passage aussi stressant que pénible et arasant mais avec une grande satisfaction d'avoir vaincu tous mes démons et un grand contentement de découvrir ce qui s'offrait de nouveau et magnifique à mes yeux éblouis par ce que la nature avait sculpté durant tant d'années voir millénaire. Certaine cavité peut mesurer des kilomètres de long et comportant de nombreux puits de profondeurs variés. Mais la grande majorité des gouffres ou grottes n'ont pas d'autre sortie que c'elle qui nous a permis de rentré, donc le parcours pour la sortie est le même que celui que l'on vient de franchir mais dans l'autre sens. Et le changement nous donne une perception et une complexité qui varient parfois, nous forçant à pratiquer et modifier nos techniques et notre maniéré d'aborder certaines parties parcours… Après des heures et des heures nous voici au bas de la sortie là où nous attend la corde pour la remonté. « Je dis-nous car on ne fait jamais de la spéléologie ou un autre sport à risque seul » Et là il-y-a toujours la question fatidique que se pose le groupe, qui va monter le dernier ? Si la descente n'a pris que quelque seconde par personne la remonté va nécessiter au minimum 30mn à chacun pour atteindre la sortie pour cette raison le dernier va rester seul avec son imaginaire et ses démons durant les interminables instants que son prédécesseur va prendre pour monter avant que ce soit son tour. Et je vous affirme que de resté seul en ces moments dans le noir et le silence… votre imaginaire tourne à plein régime et en général ce ne sont que des visions très angoissantes. Ce n'a qu'en spéléo que j'ai vécu des angoisses qui avaient une origine et un objet. Ce qui n'est pas justifié avec la dépression !!!

Dépression et anxiété :

Le terme peut désigner divers degrés de nervosité, d'appréhension et d'inquiétude. L'anxiété sévère peut rendre une personne totalement « dysfonctionnelle », alors qu'une anxiété légère peut être ressentie comme un vague sentiment de malaise, parfois mal identifié. Être anxieux avant un examen, un changement de travail, ou toute autre épreuve de la vie n'a rien d'anormal. En revanche, il faut réagir si l'on ressent une inquiétude persistante, sans raison évidente, qui a un impact sur le sommeil ou la qualité de vie, ou que l'on se sent dépassé par son anxiété. Des états dépressifs marqués par une anxiété plus ou moins sévère et variable. Et peut aller de « dépressions anxieuses » d'intensité moyenne à des mélancolies anxieuses graves. Il n'y a pas d'humeur dépressive sans anxiété et réciproquement. L'anxiété est une sensation de tension intérieure, de danger imminent. Elle peut être paralysante ou au contraire susciter de l'agitation « incapacité à rester en place... ». Elle peut se cristalliser sur une situation particulière ou un objet : peur nouvelle d'un contexte social avec incapacité à l'affronter, préoccupations excessives sur son état de santé... L'anxiété devient « angoisse » lorsque des symptômes somatiques s'associent à ces peurs : « oppression thoracique, palpitations, sueurs, tremblements, gorge serrée, difficulté à déglutir... » Si vous pensez être atteint de troubles anxieux, parlez-en à votre médecin. Celui-ci peut vous aider à élaborer un programme de maîtrise de votre anxiété, où vous apprendrez à choisir un moment et un lieu spécifique pour laisser libre cours à votre inquiétude, puis à utiliser des techniques de relaxation. Vous pourrez alors réfléchir aux raisons de votre anxiété et recourir à ces techniques afin de maîtriser votre sentiment d'inquiétude. Votre médecin peut également vous prescrire des médicaments pour traiter votre anxiété. A la différence de l'angoisse l'anxiété a toujours un objet ou une raison, ce qui n'est pas le cas de l'angoisse !

Il est déjà 9h30 et je suis là à attendre mon ami pour aller se faire vacciner contre le Covid-19 au vaccinodrome, du centre-ville où nous avons rendez-vous à 10h. Je n'aperçois toujours pas sa voiture rouge au toit noir. Pourtant je suis bien placé je me trouve sur le trottoir face aux deux rues par les quelles il pourrait arriver, je commence à me faire du souci et ce ciel menaçant de gros nuages bien noir sont au-dessus de ma tête, je vais surement me prendre une radé et je n'ai pas pris de parapluie et pas le moindre véhicule rouge à l'horizon, j'espère qui n'a pas pris la route du col des platanes, elle est si dangereuse un début d'inquiétude me traverse l'esprit, j'espéré qu'il ne pleut pas là-haut car sinon la chaussé de cette route est encore plus périlleuse, je prie pour que le ciel reste calme car sans abris et sans rien pour me couvrir de la pluie c'est sure que je vais être trempé avant la venue de mon ami avec cette satanée voiture qui ne tient pas la route sur une chaussé détrempée. Et ce satané vaccin qui risque de me donner, de la fatigue, des maux de tête, de la fièvre, voir une thrombose et mourir, pour quoi j'ai accepté de me faire piquer je, le regrette déjà car c'est sur tous les effets secondaires vont être pour moi. 9h45 et toujours pas la moindre voiture rouge au toit noir, je commence à m'imaginer le pire, un accident est si vite arrivé sur ces route si mal entretenues et semées de trous de poule et toutes ces chutes de pierres possibles à la sortie de chaque virage qui peuvent vous faire dévier de votre trajectoire d'un simple clignement de sils. Ce n'est pas mon jour ce matin tout est caution à me faire soucis, ha ! J'aperçois un véhicule correspondant aux signalements que m'a donné mon ami, heureusement je suis passé à côté du déluge et j'espère ne pas attraper le virus Delta d'ici la deuxième dose, car je ne suis pas à la fin de mes anxiétés.

La libido :

Le désir sexuel, ou libido, est un état psychologique qui se manifeste par l'envie de s'engager dans un comportement sexuel.

Il n'existe pas de définition reconnue de ce qui constitue un niveau « normal » de désir sexuel et il est désormais avéré que le comportement sexuel (masturbation, rapports sexuels) n'est qu'un témoin indirect et peu fiable du désir sexuel ressenti. Tout d'abord, une approche médicale. Il s'agit d'examiner certaines structures nerveuses du cerveau, comme l'hypothalamus et le thalamus, que l'on sait impliquées dans le désir grâce à des études menées à l'aide de l'imagerie par résonance magnétique (IRM). « On peut rencontrer des troubles du désir d'origine centrale, mais aussi des perturbations d'origine hormonale ».

Ces perturbations concernent les deux sexes. Chez l'homme, il peut s'agir d'un taux anormalement bas de testostérone ou étonnamment élevé de prolactine, une hormone qui peut avoir pour effet de faire baisser la sécrétion de testostérone par certaines cellules des testicules.

Chez la femme, un déficit en hormones œstrogènes peut entraîner une baisse de la libido par l'intermédiaire d'une atrophie des zones génitales. On pense que les hormones androgènes jouent également un rôle, avec une légère hausse de la concentration en testostérone qui expliquerait le désir plus important en période préovulatoire, et inversement, une baisse qui serait à l'origine d'une diminution de la libido après ablation des ovaires. Les troubles de l'humeur, et notamment un état dépressif, ont aussi des effets dévastateurs.

La libido, ce ne sont pas des hormones, ce n'est pas de l'anatomie, ce n'est pas de la psychologie, c'est tout un ensemble de facteurs sur lesquels il convient de s'interroger.

Alcool et dépression :

L'alcool et la dépression **sont souvent intimement liés**. Il n'est pas toujours possible, à première vue, de différencier la cause de l'effet.

« **La dépression peut mener à l'alcool comme l'alcool peut mener à la dépression** »

Avec la dépression vous avez souvent une forte tendance à vous faire du mauvais sang et vous éprouvez aussi des sentiments de culpabilité et d'angoisse.

L'alcool peut souvent atténuer ou éliminer les sentiments dépressifs à court terme. Vous vous inquiétez moins, vous relativisez tout plus rapidement et votre humeur s'éclaircit. L'alcool a un effet tranquillisant et il peut aussi réduire la peine et le chagrin. Néanmoins, cet effet est relativement court : dès que l'alcool se dissipe, les sentiments dépressifs sont toujours présents.

Quand vous buvez de l'alcool occasionnellement et de façon modérée pour vous distraire de votre morosité, ce n'est pas nécessairement problématique. Cependant, lorsque vous en consommez souvent et en plus grandes quantités, un cercle vicieux « PEUT » se mettre en place. Dans le cas d'une humeur dépressive, l'alcool apportera d'abord un soulagement, mais, dans un deuxième temps, il aggravera la dépression. Après quoi, vous voudrez boire davantage, et ainsi de suite.

L'alcool est un psychostimulant, il active le « circuit de la récompense » dans le cerveau. Autrement dit, boire un verre produit de la dopamine, ce qui nous apporte du plaisir, et cette substance joue un rôle important dans le mécanisme du désir sexuel. La plupart du temps, ce n'est qu'une impression. L'alcool agit de deux façons contradictoires : il stimule et ralentit le cerveau. En fonction des personnes et de la quantité, l'un des effets prend le pas sur l'autre. L'activation du neurotransmetteur gaba, par exemple, finit par anesthésier les sensations physiques. Après le désir et l'excitation, on peut donc ressentir… peu de plaisir. Les ennuis arrivent quand on utilise l'alcool dans un but précis : se détendre, se sentir plus sexy ou à la hauteur. « L'alcool se transforme alors en médicament, analyse le Dr André Corman, médecin sexologue. Il devient d'autant plus dangereux que, au début, il remplit parfaitement sa fonction. Il y a alors un vrai risque de ne plus pouvoir s'en passer et d'avoir besoin d'augmenter toujours les doses pour obtenir l'effet recherché. »

L'isolement et dépression :

Terrible nouveauté du vingtième et unième siècle, le sentiment d'isolement est l'un des plus grands fléaux des pays occidentaux. Il sévit notamment dans les grandes villes comme Paris. La souffrance qu'il crée ne tient pas tant à ses conséquences directes, mais à cause du mal-être que cela engendre. L'isolement est une calamité à laquelle la réponse doit être globale : sociale, familiale et psychique. Nous allons tenter de suggérer une réponse en rapport avec le contexte psychique. Notre conseil est de ne pas sous-estimer l'impact psychologique de l'isolement. A terme, il peut s'avérer très délétère… il semble en effet que l'homme ne soit pas conçu pour vivre seul… Les conséquences peuvent être importantes : dépression, baisse d'estime ou de confiance en soi, phobie sociale, repli sur soi. Les causes les plus fréquentes de l'isolement sont la dépression « qui peut donc être cause ou conséquence de l'isolement », la phobie sociale « qui peut donc être cause ou conséquence de l'isolement » et l'angoisse de performance. Généralement l'isolement à tendance à créer un cercle vicieux. Le patient rentre moins en contact avec les autres. Du coup, il désapprend à créer et entretenir des relations. Et par voie de conséquence, il devient de moins en moins compétent à maintenir des relations de qualité…

Dépression à répétition :

Les personnes qui ont déjà connu 2 épisodes dépressifs ou plus exécutent de manière anormalement lente des tâches cognitives courantes qui requièrent notamment attention, concentration et rapidité. Ces résultats publiés dans la revue Européen Neuropsychopharmacology semblent confirmer que la dépression est une maladie qui serait « neurotoxique ». Prévenir les rechutes s'avère donc essentiel. Si les différentes prises en charge, médicamenteuses comme psychothérapeutiques, ont démontré leur efficacité, le risque de rechute reste élevé, même plusieurs années après la rémission. Ce sont les conséquences de ces rechutes à répétition qui inquiètent les médecins et chercheurs. S'il est maintenant prouvé qu'il existe un ralentissement psychomoteur chez les personnes déprimées, rien n'indiquait jusqu'alors que cette altération pouvait persister après l'épisode dépressif. La dépression est une maladie qui s'aggrave avec le temps. Plus j'ai connu d'épisodes dépressifs plus je risque de rechuter. Si la rapidité et l'efficacité sont de plus en plus altérées au fur et à mesure des rechutes, on conçoit qu'il soit plus difficile de s'adapter à de nouvelles situations. Par exemple, un employé travaillant sur ordinateur, manifestant des capacités d'attention limitée, des oublis dans les tâches demandées et une lenteur dans l'ensemble de la réalisation de son travail, aura une estime de lui plus faible, moins de reconnaissance de son entourage professionnel ce qui pourrait le rendre plus vulnérable aux rechutes dépressives en cas de stress quel qu'il soit. Enfin, le fait que ces altérations cognitives soient une séquelle de la dépression pourrait aussi être considérée comme un argument en faveur de l'utilisation de la « remédiation cognitive ». Cette thérapie est basée sur une sollicitation encadrée de fonctions cognitives défectueuses afin de réduire le risque de rechute. Elle est très utilisée dans la schizophrénie ou les addictions mais est peu employée pour remédier aux troubles de la dépression. Par ailleurs, d'un fait d'une faible activité physique, les troubles dépressifs sont associés à une augmentation significative des perturbations métaboliques (diabète de type 2 par exemple) et à l'augmentation des risques de développer une maladie cardiovasculaire. Il s'agit là de deux facteurs essentiels de la surmortalité chez les sujets dépressifs. Certaines caractéristiques biologiques et psychologiques liées à la personne, ainsi que divers facteurs sociaux et environnementaux, sont de nature à favoriser la chronicité de la dépression.

Les conséquences familiales, sociales et professionnelles de la dépression peuvent être nombreuses : conflits conjugaux, divorce, troubles sexuels : absence de désir, troubles de l'érection chez l'homme, absence de plaisir et d'orgasme chez la femme... Perte d'emploi, abus d'alcool « plus fréquent chez les hommes », problèmes financiers…

Le traitement de la dépression doit tenir compte du contexte familial, social et professionnel de la personne.

Neuroplasticité et dépression :

La dépression entraîne au niveau cérébral des changements morphologiques et fonctionnels définissant la neuroplasticité ; ces changements s'opèrent au niveau du cortex préfrontal, de l'hippocampe et de l'amygdale et ont pu être révélés grâce aux progrès de la neuro-imagerie. L'analyse des effets des antidépresseurs sur la neuroplasticité, et plus particulièrement sur la formation de nouveaux neurones dans le cerveau adulte, constitue aujourd'hui un thème de recherche novateur compte tenu de l'implication d'une modification de la connectivité neuronale dans la physiopathologie des troubles de l'humeur. Les scientifiques de la Fundação de Amparo à Pesquisa do Estado de São Paulo (FAPESP) ouvrent une voie plus rapide pour traiter la dépression qui consiste non pas à prévenir mais à effacer les dommages causés par le stress à la neuroplasticité.

Le traitement de la dépression fait face à 2 défis, l'absence de réponse de près d'un patient sur 2 aux antidépresseurs conventionnels et le délai relativement long nécessaire, avec ces médicaments, pour obtenir les effets souhaités. L'équipe de recherche brésilienne affiliée à l'Université de São Paulo (USP) s'attaque ici au second défi, à l'aide de modulateurs épigénétiques pour tenter d'effacer toute « trace » de stress dans le cerveau. L'idée ici est d'actionner des mécanismes épigénétiques qui vont réguler l'expression de certains gènes dans le cerveau.

L'équipe confirme ici que le stress augmente la méthylation du gène du BDNF, en réduisant son expression et que cette réduction est liée à un comportement dépressif. L'hypothèse était alors qu'un modulateur génétique qui inhiberait la méthylation de l'ADN et rétablirait les niveaux de BDNF (***facteur neurotrophique issu du cerveau***) aurait un effet antidépresseur.

L'équipe montre que c'est effectivement le cas. Elle teste 2 médicaments, dont l'un est utilisé pour traiter le cancer (gliome) et l'autre expérimental. Si ces 2 médicament réduisent la méthylation de l'ADN chez des rats modèles de dépression induite par le stress et permettent un retour très rapide du comportement à la normale, ils ne pourraient être utilisés pour traiter la dépression chez l'Homme car ils sont censés augmenter l'expression de plusieurs gènes plutôt que simplement les gènes ciblés. Et si l'effet antidépresseur est bien lié à la normalisation du profil de méthylation ce qui explique aussi le délai d'effet des antidépresseurs conventionnels une modulation directe de ces mécanismes épigénétiques peut produire l'effet recherché beaucoup plus rapidement.

Cependant, les résultats apportent une preuve de concept de cette voie thérapeutique épigénétique à partir de laquelle il sera développé de nouveaux traitements.

« Nous constatons que le stress augmente en effet la méthylation du BDNF ainsi que d'autre protéines du système nerveux et que certains modulateurs épigénétiques permettent un effet antidépresseur plus rapide ».

Dépression et préjugés :

Alors qu'il s'agit de maladies du cerveau qui doivent être traitées comme les autres, les préjugés sur les troubles psychiatriques sont nombreux. Bien des idées fausses circulent encore sur la dépression, souvent perçue comme une « faiblesse de l'âme, de la paresse, laisser aller » ; qui serait liée à des facteurs de stress exclusifs « problèmes professionnels, financiers, conjugaux » ; qui serait accessible à la volonté, de l'ordre de l'injonction, du « remue-toi ». Loin de ces préjugés, le ministère des Solidarités et de la Santé rappelle que la dépression n'est pas un mal-être passager qu'il faut cacher, mais une véritable maladie pour laquelle chacun peut accéder à une prise en charge appropriée, en surmontant les discriminations qui s'y attachent, le sentiment de honte ou la culpabilité qui y sont parfois associés. Les tabous et les idées reçues sur les maladies mentales ont la vie dure auprès du grand public. Bien qu'on qualifie souvent la dépression de « mal du siècle ». La dépression, 1 mort par heure. Fausses idées reçues sur les troubles dépressifs : « Dépression et déprime, c'est la même chose, sortir de la dépression n'est qu'une question de volonté, la personne malade n'est ni fainéante, ni hystérique, ni hypocondriaque ». Elle ne fait donc pas « du cinéma, allez reprends-toi, tu devais aller dans une maison spécialisée ». Il n'est pas judicieux de proposer à une personne dépressive, en particulier si la dépression est sévère de faire un séjour en maison de repos, en centre de postcure ou tout autre endroit isolé. Elle peut de s'y sentir encore plus seule et laisser libre cours aux ruminations qui l'envahissent. Le risque de passage à l'acte suicidaire est alors accru. « Tu t'écoutes trop, il y a des problèmes plus graves, si tu n'essayes pas de te secouer un peu, comment veux-tu t'en sortir ? Elle est certainement de nature fragile, si elle a des troubles anxieux elle est surement peureuse, » ... Eviter de le culpabiliser. Il faut abolir toutes leçons de morale. Elles ont un effet dévastateur sur la personne dépressive. Elles accentuent son sentiment de culpabilité. Si vous adoptez un tel discours, votre proche perdra confiance en vous, risquant de se replier un peu plus sur lui-même. Il est nécessaire de prendre la souffrance au sérieux et ne pas la banaliser. Votre présence doit être rassurante. « Tes médicaments sont inutiles, si on veut, on peut » Lui déconseiller de suivre le traitement peut constituer un danger mortel. Un antidépresseur doit être pris à dose suffisante « surtout ne pas diminuer les quantités prescrites » et pendant un temps suffisant « surtout ne pas arrêter au bout d'un mois ou deux, quand la personne commence à se sentir mieux » : un antidépresseur doit être pris pendant un minimum de 6 à 9 mois, sinon gare à la rechute. Ces petites phrases sont prononcées le plus souvent avec bienveillance et empathie, dans l'intention d'aider. Parfois, elles sortent sous le coup de l'exaspération, ou à cause de la peine que peut susciter en nous l'apathie d'un proche. Pourtant, elles ne semblent que rarement porter leurs fruits. Pire, ces mêmes patients expliquent très bien combien ces conseils et injonctions peuvent s'avérer culpabilisants et finalement contre-productifs.

La dépression est une vraie maladie. Il ne s'agit pas d'un manque de volonté ou d'une faiblesse de caractère. Vouloir s'en sortir exclusivement par soi-même peut compliquer les choses : accepter de l'aide est une première victoire sur la maladie. Les traitements disponibles sont efficaces même pour les dépressions sévères.

Les choses à ne pas dire à une personne dépressive :

« Je sais ce que tu vis », « Mais pourtant, tu as tout pour être heureuse ! », « Je ne suis pas ton Psy », « Essaie de penser à autre chose », « Tu te fais du cinéma », « Allez, reprends-toi », « Tu t'écoutes trop », « Il y a des problèmes plus graves », « Tes médicaments sont inutiles », « Je ne comprends pas pourquoi tu déprimes, on a tous des problèmes, pourquoi tu ne te bats pas ? », « Demain tu verras les choses d'un, autre œil et ça ira mieux. », « Je pense que tu exagères, ce n'est pas si grave », « Il faut y mettre un peu du tien pour aller mieux », «Mais tu as l'air si heureux(se)!», «Tu mènes quand même une vie fantastique!», «As-tu essayé....?», «Si tu prends l'air et que tu sors un peu, tu te sentiras beaucoup mieux.», «Mais pourquoi es-tu dépressif(ve) ?», «Si on allait juste prendre un verre, ça te changera les idées. », «Ne t'inquiète pas, tu es suffisamment fort(e) pour t'en sortir.», «Mais alors, je ne te rends pas heureux(se)?», «Tu n'as pas peur que les médicaments te transforment en zombie? », «As-tu pris tes médicaments?», «Essaye juste de ne pas y penser.», «Tu es trop sévère avec toi-même.», «Ça finira par aller mieux, accroche-toi.», «Encore dépressif(ve)? Mais je croyais que tu allais mieux ?», « Tout le monde a des jours avec et des jours sans. », « Le bonheur est un choix !», « Tu n'as qu'à te concentrer sur le fait d'aller mieux » ...

D'accord, on voit ce que vous voulez dire, mais ça sous-entend que si on n'est pas « victorieux » c'est qu'on ne se bat pas assez. Mais ce n'est pas comme ça que ça marche. S'il-y avait un remède miracle cela ce serait et on est tous prêts à l'adopter. Si c'était aussi facile, la personne dépressive l'aurait fait depuis longtemps. La difficulté pour cette personne, c'est que ce que vous proposez, à cet instant, avec ce problème, n'est tout simplement pas réalisable. Toutes ces remarques il se les passe en boucle 24/24 et 7/7.

CONCLUSION

Avec cette maladie j'ai vécu 30 années à poursuivre des moulins à vent. Toujours à l'affut des courent d'airs favorables et chauds, par moment ils étaient à contre-sens et les palmes étaient absolument désorientées, incapables de savoir où se diriger, complétement vrillées par ce tournoiement impossible à apprivoiser. Par moment des bouffées d'air plus clémentes les caressaient puis les voiles étaient beaucoup plus apaisées. Soudainement parfois les températures, suivies par le ciel se transformaient en tempête avec des bourrasques incontrôlables, dévastant tout sur son chemin. Les voiles des moulins s'atrophiaient, les rafales déstabilisaient, fragilisaient, ébranlaient ces moulins impuissants devant un tel déferlement et acharnement d'une aussi invraisemblable puissance dévastatrice qui fessaient trembler les édifices submergés par tant de férocités et d'entêtement de la part de ces changement capricieux du temps. Les meuniers s'évertuaient en essayent de stabiliser les structures les plus fragiles et les moins stables que les changements et les aléas du climat fragilisaient les fondations des moulins les plus fragiles, qui nécessitaient un renforcement et des stabilisateurs plus adaptés pour ajuster leur insuffisances, voir carences de leur états, justifiant un réajustement des éléments indispensables au bon équilibre de leur assemblages structurelle et traditionnel un soin spécialement bien agencé et charpenté pour contenir les conditions les plus fortes, les plus durables et persistantes. Mais parfois les conditions cycloniques, destructrices et dévastatrices, nécessitaient des interventions plus expertes pour réaménager les fondations les moins résistantes, les plus fragiles, dont les plus anciennes qui persistaient à vouloir tenir debout en vers et contre tout. Les plus chevronnés des intervenants ainsi que les débutants et les meuniers s'acharnaient au tour de la meule pour tout faire avec leurs savoirs, leurs expériences et leurs espoirs que les nouvelles techniques et de nouveaux matériaux arrivent pour enfin donner à tous ces moulins une espérance, une véritable et définitive solution pour continuer à tenir droit, stable et que leur meule tourne toujours bien rond.

Bon vent à vous.

SOURCES

Je dédie ce livre à mes enfants « FLO » et « ROB » et « EVE » mon ex-femme qui mon courageusement supportés, même si je n'ai pas toujours été à la hauteur. A toutes les personnes, qui souffrent, aux personnels soignants en particulier pour le Dr ROSENFELD et le Dr DJEBBAR puis le personnel de toutes les cliniques dont j'ai dû séjourner et à toutes ces belles rencontres que j'ai faits durant toutes ces années avec l'invivable maladie.

Tout ce que j'ai écrit donnant des informations médicales sont toutes tirez de sites internet dignes de véracités et de confiances.

Exemples : https://www.who.int/fr (OMS Organisme Mondiale de la Santé)
https://www.inserm.fr/ (Le seul organisme public de recherche français entièrement dédié à la santé humaine.)
https://www.psychologies.com/
https://www.doctissimo.fr/
https://sante.journaldesfemmes.fr/
https://cnrs.fr/ (Centre national de la recherche scientifique)
https://le-cercle-psy.scienceshumaines.com/
http://www.centredeladepression.org/
https://www.emdr-france.org/
https://www.ameli.fr/
https://acteurdemasante.lu/fr/
https://www.lexpress.fr/
https://www.prevention-depression.lu/ (Tout sur la dépression)
https://www.etat-depressif.com/
http://www.centredeladepression.org/
https://www.lareponsedupsy.info/
https://www.cairn.info/ (Portail de publications en sciences humaines et sociales)
https://idrissaberkane.org/ (Titulaire de trois doctorats dont un de l'école polytechnique à 29 ans...)
https://www.academie-medecine.fr/

(**LE SAVOIR EST LA SEULE RICHESSE QUE L'ON PUISSE ENTIÈREMENT DÉPENSER SANS EN RIEN LA DIMINUER.**)

Printed by Books on Demand GmbH, Norderstedt / Germany